Hand knitted mittens of Latvia

増補改訂

ラトビアの
手編みミトン

色鮮やかな編み込み模様を楽しむ

中田 早苗 編

左上／イエヴァさんはリガに住むミトンの作り手。飾られているのは彼女が編んだミトンたち。右上／初夏の緑に映えるバラの花。自然の色彩が作品の色合わせにも生かされます。右／巻いた糸をフェンスにかけて。

親から子へ受け継がれる伝統

その家族と出会ったのは、
ラトビア民族野外博物館で開催された民芸市でのこと。
祖母、母親、娘。親子3代で糸を紡ぐ姿は圧巻で、
そこには脈々と受け継がれる手仕事の在り方が
1つの景色の中に凝縮されていました。
「祖母から習った編み物を、今度は私が娘へ教える番に」。
愛娘の成長に目を細める母親のイエヴァさん。
そんな娘を見守る、祖母の静かな横顔。

1つの手作りの中には、
たくさんの物語がある。
ラトビアのミトンの旅は
そんな予感の中から始まりました。

Hand knitted mittens of Latvia

Contents

Chapter 1

ラトビアのミトンのはなし *6*

伝統柄（文様）のこと、糸と針のこと
How to make 地方別のミトン　4 items

Chapter 2

ミトンを編む *34*

How to make 地方別のミトン　9 items

ミトンを編むためのポイントテクニック　*74*

Chapter 3

森の中の民芸市 *82*

Chapter 4

受け継がれる伝統ミトン *92*

How to make TLMSのミトン他　6 items

Chapter 5

作り手を訪ねて *110*

How to make 名人のミトン　2 items

Chapter 6

花を愛する国 ラトビアの花柄ミトン *126*

How to make 花柄のミトン　5 items

Chapter 7

ミュージアムコレクション *142*

Chapter 8

リガ旧市街散策 *152*

足をのばして… *168*

編み目記号＆編み方 *172*

Columns

ラトビアに残るミトンを集めて　*22*
How to make 星の文様のミトン　1 item
リンバジの工場を訪ねて　*32*
変わらないものを伝える難しさ　*80*
編むことで磨かれる手仕事　*139*

Information　*175*

※本書は、『ラトビアの手編みミトン』（誠文堂新光社、2013年10月発行）
に16頁を増やし、現在の装いにも合わせやすいデザインを中心に新作ミ
トン7作品の作り方を追加して、増補改訂としてして出版したものです。

※本書の記号図内の単位はcmを示します。

Chapter 1

Story of
Latvian mittens

ラトビアのミトンのはなし

ラトビアの宝物・ミトンのこと
Treasures of Latvia "Mitten"

　色鮮やかな編み込み模様のミトンは、ラトビアの伝統工芸。この地の編み物の歴史は古く、初期のものとしては編み地の断片が10 〜 11世紀の埋葬地から見つけられています。その後、1本針の古い手法で編まれた手袋（推定13世紀）、そして現在、北欧と東欧で最古という5本針で編まれたミトンと手袋（推定15世紀)が考古学者の手によって発見されました。

　そんなラトビアでは、昔から様々な儀式の贈り物用として、数多くのミトンが編まれてきました。それは国の全土に残る風習であり、ほぼすべての地域に特徴的なミトンが残っています。男性はそれを民族衣装のベルトにつけて身分の証明にすることもありました。編み込まれる模様は、ラトビアの神話（または信仰）に登場する自然や神々をモチーフにした文様が主。文様にはそれぞれ意味があり、女性たちはミトンを編む時に、相手を気遣う気持ちや密かな願い事を込めることができました。形や配色は地域によって異なり、その手法も作り手によって工夫され、様々なバリエーションが生み出されています。19世紀後半からはアールヌーボーの影響を受けた花やつる草などの模様も登場します。

　また、ラトビアのミトンは、単なる防寒アイテムの役割を越え、度重なる他国支配の中でラトビア人のアイデンティティーを守り続けた大切なアイテムでもありました。時間をかけ、各家庭の中で伝えられた美しい手仕事。それはラトビアの宝物だといえます。

ラトビアの概要
国名：ラトビア共和国
面積：6万4589㎢（日本の約1/6）
首都：リガ
公用語：ラトビア語
時差：日本から7時間遅れ
　　　（3月最終日曜〜
　　　　10月最終日曜は6時間遅れ）

ミトンは
ラトビア語で
チムディ（Cimdi）と
呼びます

ラトビアの歴史
History of Latvia

　ラトビアの正式名はラトビア共和国。北欧のフィンランドとはバルト海を挟んで対岸に位置し、隣接するエストニア、リトアニアとともに、バルト三国と呼ばれています。国の歴史は13世紀のドイツ騎士団による侵略・入植に始まり、スウェーデン、ポーランド、ロシアによる支配ののち、1918年に独立。それもつかの間、独ソ不可侵条約締結後は、再びドイツ、旧ソ連の支配下に入り、ようやく独立の回復を果たしたのが1991年8月でした。その後はEU、NATOにも加盟し、2014年には欧州単一通貨ユーロを導入。順調な発展を遂げる一方で、豊かな自然と文化を育む国として人気を集めています。

7

ミトンを贈る
Present Mittens

その昔、ラトビアには「Yes」という意味に当たる言葉がありませんでした。そのため、肯定の意思を伝えるためによく使われたのがミトンをプレゼントするという方法です。例えば、女性が結婚を申し込まれた時、ミトンを贈ることが「Yes」のサインになり、男性は婚約が成立したことを「彼女からミトンをもらった」と表現したのだそう。そのミトンが技巧をこらした素晴らしいものであるほど女性の評価は高く、男性は服のベルトにミトンをはさんで自慢したのだといいます。

そんな初々しい使われ方を始め、ラトビアでは様々な冠婚葬祭にミトンは欠かせない贈り物でした。初めての子どもが生まれた時は聖職者と家族に、洗礼の時は名づけ親と聖職者に、結婚の時は嫁ぎ先の家族や親戚に、そして葬式の時にもしばしば墓を掘る人や棺を運ぶ人などに特別なミトンが配られることがありました。黒のベースに紺や緑の編み込み模様のミトンは、弔事用ミトンの1例です。

クルゼメ地方の婚礼用グローブ

結婚とミトン
Wedding and Mittens

ミトンの役割として特に重要だったのが、結婚式です。花嫁は嫁入り支度として、手編みのミトンを織物やベルトなどと一緒に「Tine（ティーネ）」と呼ばれる長持（衣類を入れる大きな箱）に何百組も詰め、持参したのだそう。ミトンはすべて違う柄で編まなくてはならず、人によっては10代からその準備を始めました。結婚式のお祝いは通常3〜4日続き、ミトンはその間に義理の父母や兄弟、親戚、友人などに配られたといいます。

新郎新婦は新しい絆を象徴する婚礼用の手袋を身につけ、最初の食事を手袋をつけたまま食べるという儀式もありました。この時の男性用手袋は、甲までは複雑なボーダー柄の編み込み模様、指先は白の無地という5本指のグローブタイプが主流。指つきの方がより複雑な（より上等な）編み方だとして好まれたのだそうです。また、相手の手によく合うミトンは「良い結婚」の象徴にもなりました。

花嫁は夫の家に初めて入る時も、穀蔵や納戸、ストーブなどにミトンを置いたり、牛や羊などへミトンを捧げました。これは新生活が順調に行われ、繁栄が続くようにという願いを込めてのことでした。

ミトンをベルトにはさんだところ。手首側の縁模様がアクセントに。

弔事に使われたミトン

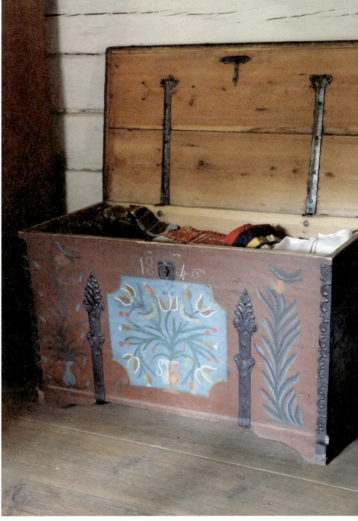

結婚式で配るミトンが足りなくなってしまうことは花嫁にとってはずかしいことだったので、少なくとも100組以上のミトンを用意したそう。

ミトンを編む
Knitting Mittens

　19世紀の終わりには、結婚式などで数多くのミトンを贈る風習は下火になり、現代ではほとんど行われることはありません。それでも、誕生日や特別な日のお祝い、お土産として手編みのミトンをプレゼントすることがあるそうです。エストニアのサーレマー島やアイスランドなどにも同じようなミトンの編み物文化がありますが、共通の模様のパターンがある一方で、配色や配置の仕方はそれぞれ異なり、それが個々の特色にもなっています。今回はぜひ伝統的なラトビアのミトンに触れ、その楽しさを味わってください。

Kurzeme
クルゼメ地方のミトン

　クルゼメ地方は、伝統文化が色濃く残るアルスンガ県、豊富なコレクションが記録されているルツァヴァ県を中心に、華やかなミトンがとても多い地方です。海路を通じ、19世紀にはオレンジや紫、鮮やかなピンクといった新しい染料がエストニアの島々や海外の商人から伝えられ、独特の配色が生まれました。

　全地域で使われた一般的な構図は、正方形の模様を45度の角度に傾けて配置する（バイヤス状に配置する）パターン。1～3cmの細幅ボーダーを使う手法も古くから各地で見られます。ヴェンツピルス県の手首側の幅広ボーダーは複雑な編み込み模様の細幅と組み合わせてデザインするのが一般的でした。スカラップ状の飾り編みは、クルゼメ地方ではネズミの歯（mice teeth）と呼ばれ、親しまれています。

　アルスンガ県のミトンは大柄で大胆な配置が多く、ルツァヴァ県のミトンは模様の大小に関わらずとてもリズミカルです。花やつる草の模様は、19世紀～20世紀にかけてラトビアに伝えられたアールヌーボーに影響を受けているといいます。そして、ミトンには通常3色以上の色が使われていました。

＊クルゼメ地方のミトン…ネズミの歯（mice teeth）の縁飾りを使ったミトン　**How to make >> P.14-15**

Zemgale

ゼムガレ地方のミトン

　ゼムガレ地方は、4つの地方の中でもミトンの発見数が一番少ないエリア。そのなかでも特徴的なのが、指先から甲・手のひらの部分が白く、縁から手首（または親指のつけ根）まで編み込みがあるミトン(P.54、57)。配色には、伝統的な植物の色・黄、緑、赤、青が使われています。このタイプはリング編みの縁飾りがついているものが多く、南部のバウスカ近郊で18世紀に作られたミトンには、編み込みをした文様のまわりをステッチで囲ったユニークなデザインもありました。色の構成には、隣接したポーランドの影響が見られるそうです。

　対して、北部ジュークステ村のミトンは、ツリー、サウレ（太陽）、マーラス クルスツ（クロス オブ クロス）といった複数の文様を組み合わせた複合パターンが目立ちます。色合いも鮮やかで、ミトン全体に編み込みが施されています。「Skujiņa（fir pattern）」という杉綾風の模様もしばしば使われます。これは女神・ライマの足跡と呼ばれる連続模様で、ザリェニエキ村にはこの模様を用いた見事なミトンが残っています。

＊ゼムガレ地方のミトン…ジュークステ（Džūkste）村のミトン　　**How to make** >> P.16-17

Vidzeme
ヴィゼメ地方のミトン

　ヴィゼメ地方の特徴は、なんといっても羊毛そのものの色合いを生かしたミトンが多いこと。(P.60、63) しばしば見かけるのが、茶色をベースに生成りやグレーなどのナチュラルカラーで配色されたパターンです。ボーダーの編み込み模様をあしらったミトンは、手首まわりをシングルまたは数列のフリンジで華やかに飾られることもありました。
　配色を用いる時は、明るいベース色に濃い色の模様、手首側のボーダーは濃い色に明るい色の模様といったように、ミトンのパートによって使い分けていたことがわかります。もちろん、使われた色はナチュラルカラーばかりではなく、白×青(紺)または白×赤も一般的な配色でした。他の色は作り手のイマジネーションに応じて、加えられていましたが、総じて落ち着いた色合いが多いのもヴィゼメ地方の特徴だといいます。
　18世紀の半ばには、アクセントに裏編みを使ったミトンが登場。甲から手のひらにかけての広範囲に「目(eye)」や「窓(window)」と呼ばれる細かな編み込み模様を使用したのも特有のデザインです。

＊ヴィゼメ地方…菱形の中央に文様を配置したミトン

How to make　>>　P.18-19

Latgale
ラトガレ地方のミトン

　ラトガレ地方のミトンには、たくさんのパターンと色があります。時代によって色使いに変化があり、19世紀より以前は白をベースにしたものが好まれましたが、19世紀半ばからは暗い色をベースにして明るい色で編み込みをしていく手法に変化していったといいます。幅広のスカラップやケーブル編み、裏編みの編み込み模様…。手首の飾り編みにもラトガレ地方の女性たちの個性と技術が見て取れます。

　代表的なミトンとして外せないのは、イズヴァルタ村で作られたボーダー柄のミトンです。四角い太陽の文様を加えた編み込み模様は、めずらしいコンビネーションの一つでした。

　文様のバリエーションが多いのもラトガレ地方の特徴で、特に星やウースィンシュの文様は、形も配色も地域によって変わります。四角形のパターンの中央に星やクロスを配置する手法もよく見られます。兵士や漁師、旅人のために編まれた月の文様のミトンには、月の文様を4つ組み合わせたクロス状のデザインも使われました。そして、19世紀～20世紀の変わり目に現れた花と葉を使った縁飾りの模様はクルゼメ地方と同様に、アールヌーボーの影響があったといわれています。

＊ラトガレ地方のミトン…イズヴァルタ(Izvalta)村のミトン　　**How to make** >> **P.20-21**

Kurzeme

クルゼメ地方のミトン

Design SENĀ KLĒTS (P.164) Knitting Hobbywool (P.162)

糸
合細ストレートヤーン（2本撚り）
グレー 70g、赤 22g、青 8g、濃紫 6g、黄 5g、
生成り 4g、濃ピンク 4g、緑 4g、白 1g
※糸量は目安です。使用する糸によって
　同じグラム数でも長さが違うので注意してください。

針 棒針（短5本針）2号
ゲージ
編み込み模様 36目×37段（10cm平方）
できあがりサイズ
手のひら回り23cm、丈28cm

編み方
▶ 指でかける作り目で80目作り目して、模様編みを22段編む。
▶ 続けて、本体の編み込み模様の4段で85目に増し目して、10段で84目に減目し、親指の位置に別糸を編みながら64段編む。指先は減目して19段編む。
▶ 親指の位置の別糸をほどいて、上下の目を42目輪に拾い（P.43の親指を編む参照）、親指の編み込み模様を26段編む。

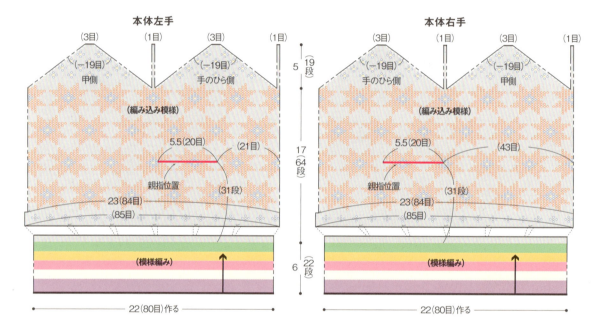

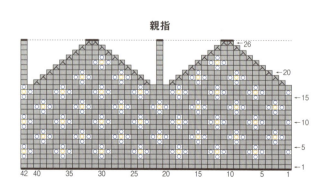

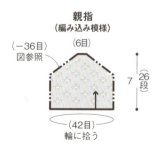

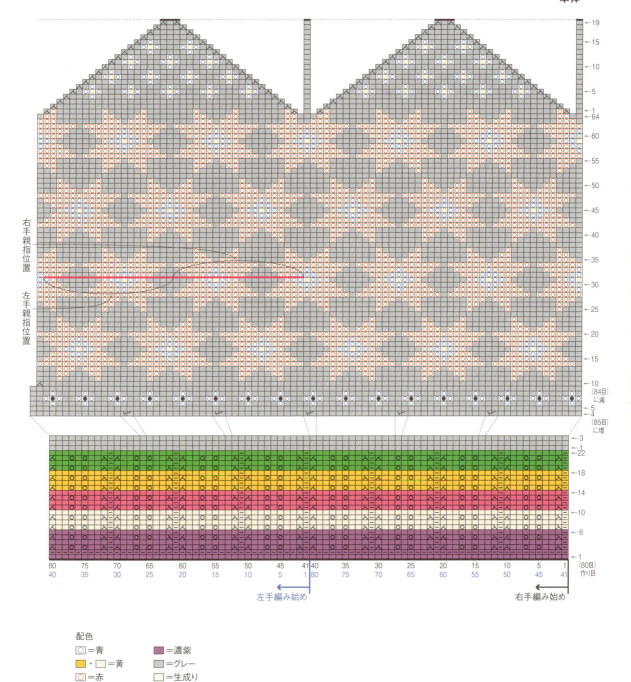

Zemgale

ゼムガレ地方のミトン

Design SENĀ KLĒTS (P.164)　Knitting Hobbywool (P.162)

糸
合細ストレートヤーン（2本撚り）
黒53g、青17g、緑15g、赤7g、生成り4g
※糸量は目安です。使用する糸によって
　同じグラム数でも長さが違うので
　注意してください。

針　棒針（短5本針）2号

ゲージ
編み込み模様36目×38段（10cm平方）

できあがりサイズ
手のひら回り22cm、丈28.5cm

編み方
※記号図は甲側と手のひら側の模様が同じなので、片面のみの表記にしています。実際に編む時は、本体の記号図をもう一回くり返して編んでください。その際、右手と左手の親指の位置が違うので、製図で位置を確認してから編み進めてください。

▶指でかける作り目で80目作り目して、模様編みを4段編む。

▶続けて、本体の編み込み模様を、親指の位置に別糸を編みながら増減なく86段編む。指先は減目しながら18段編む。

▶親指の位置の別糸をほどいて、上下の目を36目輪に拾い（P.43の親指を編む参照）、親指の編み込み模様を23段編む。

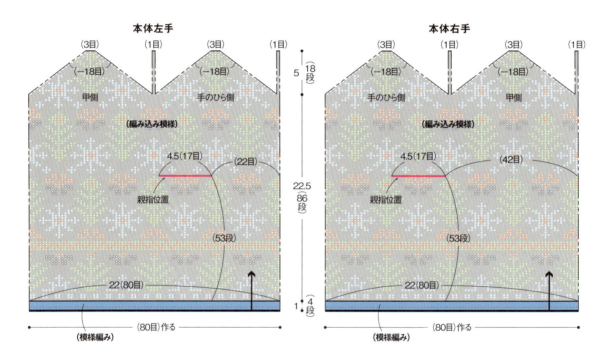

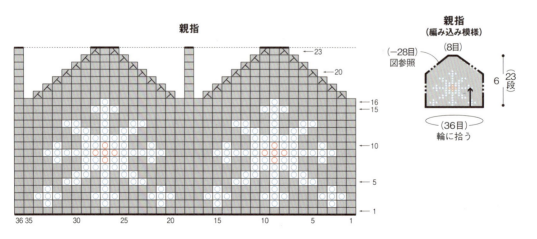

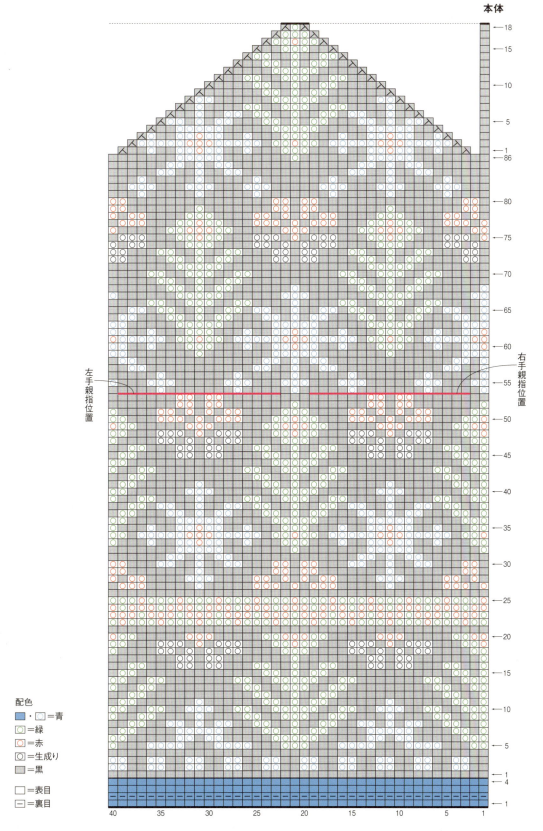

Vidzeme

ヴィゼメ地方のミトン

Design SENĀ KLĒTS (P.164)　Knitting Hobbywool (P.162)

糸
合細ストレートヤーン（2本撚り）
濃茶56g、生成り42g、赤6g、黄2g、青2g
※糸量は目安です。使用する糸によって
　同じグラム数でも長さが違うので注意してください。

針　棒針（短5本針）2号

ゲージ
編み込み模様36目×38段（10cm平方）

できあがりサイズ　手のひら回り22cm、丈30.5cm

編み方
※本体の記号図は甲側と手のひら側の模様が同じなので、片面のみの表記にしています。実際に編む時は、本体の記号図をもう一回くり返して編んでください。その際、右手と左手の親指の位置が違うので、製図で位置を確認してから編み進めてください。

▶指でかける作り目で80目作り目して、2目ゴム編みを6段編む。

▶続けて、本体の編み込み模様を、親指の位置に別糸を編みながら増減なく91段編む。指先は減目しながら18段編む。

▶親指の位置の別糸をほどいて、上下の目を38目輪に拾い（P.43の親指を編む参照）、親指の編み込み模様を24段編む。

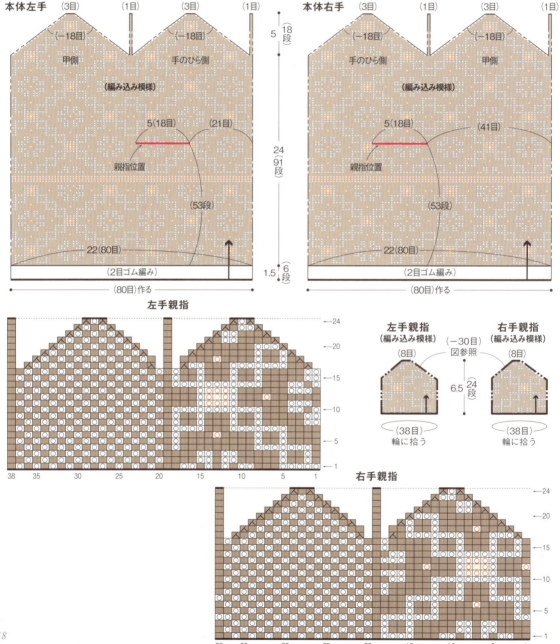

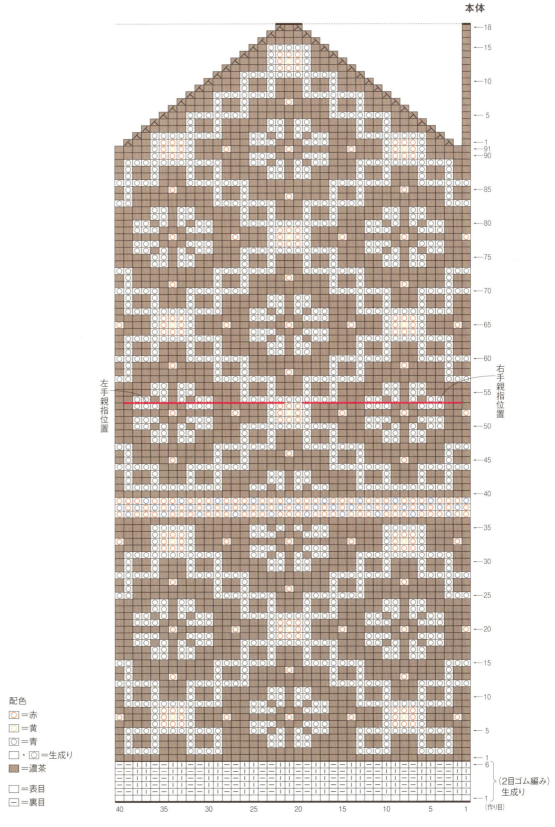

Latgale

ラトガレ地方のミトン

Design SENĀ KLĒTS (P.164)　Knitting Hobbywool (P.162)

糸
合細ストレートヤーン（2本撚り）
生成り43g、ラベンダー14g、濃茶14g、
濃黄8g、黄6g、緑5g
※糸量は目安です。使用する糸によって
　同じグラム数でも長さが違うので注意してください。

針
棒針（短5本針）2号

ゲージ
本体・編み込み模様32.5目×38段（10cm平方）
親指・編み込み模様31目×38段（10cm平方）

できあがりサイズ
手のひら回り22cm、丈28.5cm

編み方
※記号図は甲側と手のひら側の模様が同じなので、片面のみの表記にしています。実際に編む時は、本体の記号図をもう一回くり返して編んでください。その際、右手と左手の親指の位置が違うので、製図で位置を確認してから編み進めてください。

▶指でかける作り目で72目作り目して、模様編みを11段編む。

▶続けて、本体の編み込み模様を、親指の位置に別糸を編みながら増減なく86段編む。指先は減目しながら16段編む。

▶親指の位置の別糸をほどいて、上下の目を24目輪に拾い（P.43の親指を編む参照）、親指の編み込み模様を26段編む。

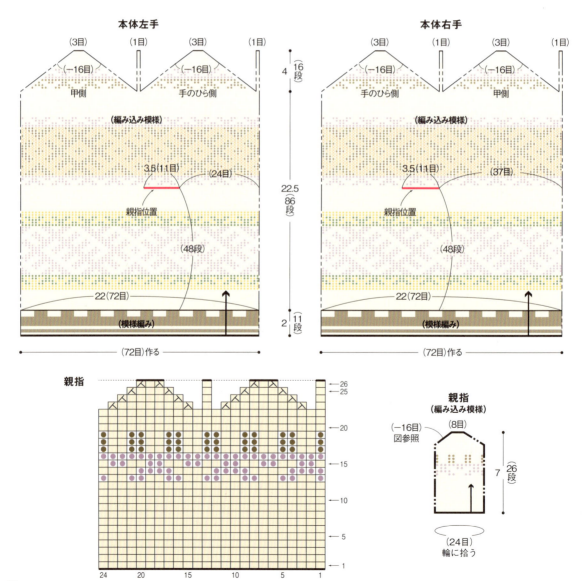

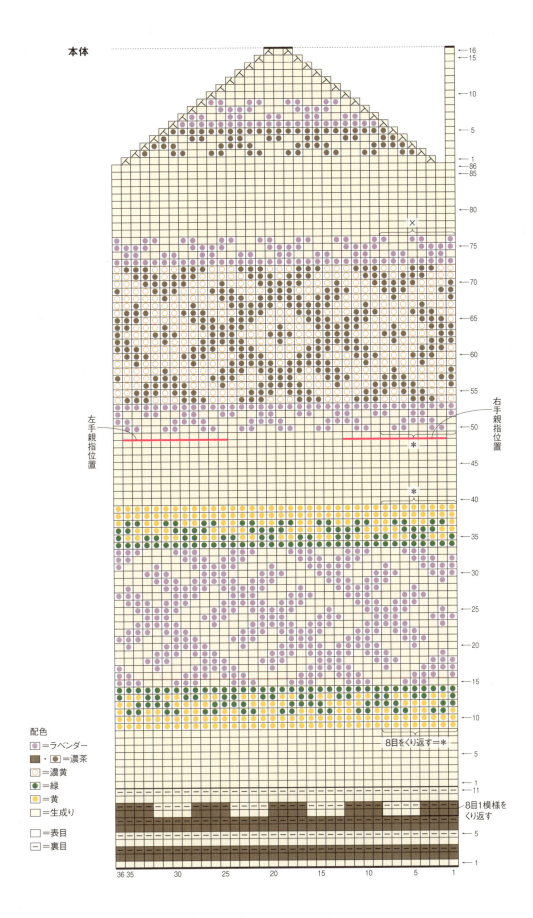

Column 1
ラトビアに残るミトンを集めて

ラトビアの民族衣装と伝統工芸品を専門に扱うセナー・クレーツ(SENĀ KLĒTS)。2012年12月、このショップで発売された1冊の本がニュースになりました。書名は『LATVIEŠA CIMDI』。ラトビア民俗研究家のマルタ・グラスマネ(Maruta Grasmane)さんがラトビア全土の博物館に所蔵されたミトンを地方別にセレクトし、編み込み模様のパターンとともにまとめた400ページを越える大作です。現在は日本を含む6カ国で翻訳され、ラトビアのミトンを愛する輪が大きな広がりを見せています。

実際に編集作業に関わったズィエディーテ(Ziedite)さんは、当時の様子をこう語ります。「製作のきっかけになったのは、1994年にNYで開催されたラトビア工芸の展示会でした。この時はほんの一部でしたが、その後、ラトビア人にきちんとした伝統のミトンを再認識してほしいという著者マルタの強い思いから、各地で収集されてきた18〜19世紀のミトンの資料本を作ろうと考えたのです。レプリカを作ったのは、正確なパターンを知るため。本物は持ち出しができないので、写真ではわからない部分は博物館へ何度も出向き、描き移してきました」。この作業にはクラフトを学ぶ学生たちも参加し、より多くのパターンが集まったのだそう。とはいえ、当時とは染料も違い、同じ配色のミトンを作るのは難しく、時には微妙に色の違う2本の糸を撚り合わせて現物の色に近づける工夫をしたといいます。

「当時のミトンの特徴を知る上で、色はとても重要です。編み込まれた模様の意味を理解するのは難しいことですが、細かな図案を丁寧に編む中で、自分なりに考察する時間はたっぷりできると思います」

編み物をするすべての人にとってこの本が役に立てば、とズィエディーテさん。手間暇かけて作られた、本物の緻密さ、素晴らしさを再確認できる貴重な1冊です。

手前が『LATVIEŠA CIMDI』。後ろは『LATVIEŠU TAUTAS TĒRPI・RAKSTI・IZŠŪŠANA』。民族衣装と装飾品を紹介した本です。

マルタ・グラスマネさん
Maruta Grasmane
ラトビア民俗研究家。ナショナルコスチュームセンターを設立し、民俗学に基づくラトビアの伝統の継承に努める。上記2冊の他、著書多数。

ヴィゼメ地方のミトンを手にしたズィエディーテさん。

クルゼメ地方北部、Lubezereのミトンと元になったパターン。鮮やかな赤が印象的。図下に小さく所蔵されている博物館の整理番号が入っています。

『LATVIEŠA CIMDI』の著者マルタ・グラスマネさんによる

星の文様のミトン

このミトンは2019年4月にマルタさんが初来日した際、作品制作を依頼したものです。
多くの人にラトビアのミトンを編んでほしい。
そんなマルタさんの思いのこもった星の文様・アウセクリスのミトンです。
針は日本の棒針規格・0号(太さ2.1mm)よりも細い、太さ1.25mmの5本針を使用しています。

博物館所蔵の伝統的なミトンを再現。
Museum number : CVVM15784
Saldus parish "Odzēni"
(made around year 1859)

How to make　星の文様のミトン

糸
合細ストレートヤーン(2本撚り)
黒47g、朱47g、ピンク3g
※糸量は目安です。使用する糸によって
　同じグラム数でも長さが違うので
　注意してください。

針
棒針(短5本針)太さ1.25mm

ゲージ
編み込み模様39目×44.5段(10cm平方)

できあがりサイズ
手のひら回り23cm、丈26.5cm

編み方
▶指でかける作り目で90目作り目して輪にし、メリヤス編みを3段編む。4〜6段めは2色の幅広ラインの編み方(P.76)で編み、続けてメリヤス編みを4段編む。
▶本体の編み込み模様を、親指の位置に別糸を編みながら増減なく91段編む。指先は減目しながら20段編む。
▶親指の位置の別糸をほどいて、上下の目を44目輪に拾い(P.43の親指を編む参照)、親指の編み込み模様を30段編む。

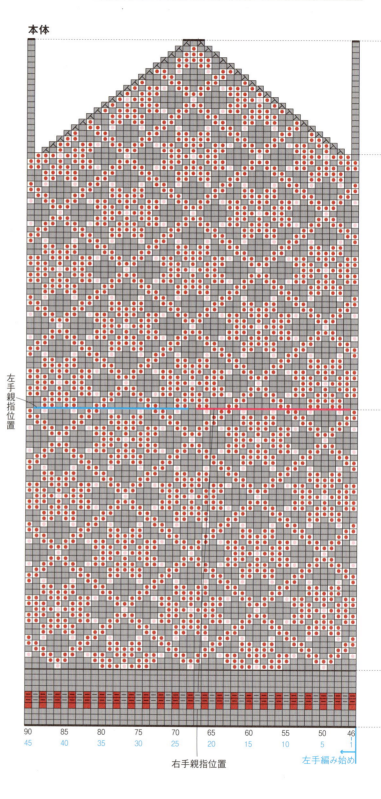

*＝2色の幅広ラインの編み方はP.76参照

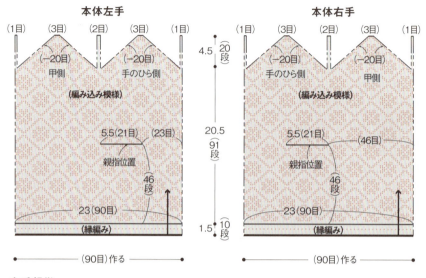

左手親指

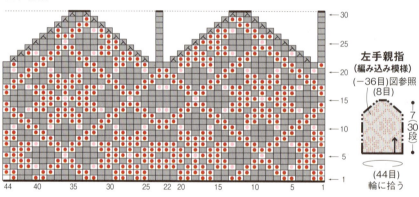

右手親指

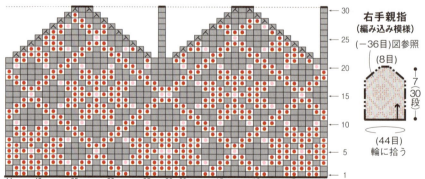

伝統柄（文様）のこと
The traditional patterns

　ラトビアのミトンには、様々な模様が編み込まれています。この本ではこれを伝統柄と呼んでいますが、実はこの模様は、どれも一つずつに古くからの謂れがある「文様」なのです。多くはラトビアに伝わる神話や自然に関連していて、編み物だけではなく、織物や陶器、アクセサリーなどにも用いられました。

　編み物や織物では、この文様が単体で使われることは少なく、ほとんどが連続模様としてくり返されています。その際、他の文様を組み合わせることで、より複雑な模様を形作っている場合も少なくありません。昔はこの文様と民族衣装の組み合わせやスカートの縞、装飾品などによって、どこの地方の出身かがわかったともいいます。

　同じ文様でも地方によって色合わせが異なる場合もあり、たとえば「星」は19世紀にクルゼメ地方を中心に人気となりラトビア全土に広がった文様ですが、クルゼメ地方では黒をベース色にすることが多いのに対し、ヴィゼメ地方ではより明るい色をベース色にして編み込んだミトンが多く見られます。このような特徴でもおおよその見当がついたのかもしれません。

　地域を問わず使われる模様として、「目（eye）」や「ノミ（flea）」と呼ばれる1目ずつ格子状に色をかえた模様や4目で一つの正方形を作る「テーブル（table）」、「窓（window）」と呼ばれるシンプルな模様もあります。「カラスの足跡（crow's feet）」という小さなV字の模様もよく見かけますが、これはヴィゼメ地方で特に人気があったそうです。

27

ORNAMENT Patterns of Mitten

文様の説明の中に登場する神々は、
ラトビアの神話（もしくは自然崇拝を特徴とするラトビアの民族信仰）における神を表しています。

Dievs
(God)

ディエウス

この文様はラトビアの神話の中でも、最も偉大で強い力を持つ神様・ディエウスを表しています。三角と丸い点は地球の屋根とその上の空を意味します。何か問題を抱えている時に、力を与えてくれるといわれています。

Māra

マーラ

ジグザグの文様が表すのは、マーラ。女性、特に母親と子どもを守護し、健康をつかさどる女神です。出産の時、子どもたちはマーラの門を通ってこの世界にやってくるといわれています。

Laima
(Godness of Destiny)

ライマ

この文様はラトビア文化の中でも最も古い文様の一つ。ライマは運命をつかさどる女神のことで、彼女は人の寿命や人生の良し悪しを生まれた時に決めるといいます。この文様は人々に幸運を連れてくると信じられています。

Ūsiņš

ウースィンシュ

ウースィンシュは馬と蜜蜂、そして光の神様です。大空を駆けるチャリオット（2輪の戦車）を運転するといわれ、文様には菱形の太陽が組み合わされています。人との絆を強め、旅を加護する力があるといわれます。

Jumis

ユミス

ユミスは豊穣と繁栄の神様。文様は人々の幸福と豊かな恵みを表し、通常は男性用の装飾として好まれました。形は1本の茎から枝分かれして2本の穀物が生えている様子が表現され、家の繁栄を願い、屋根の飾りにもしばしば用いられました。

Māras Krusts
(Cross of Crosses)

マーラス クルスツ

クロスは幸せを運んでる文様。十字が二重になったクロスは「マーラのクロス」とも呼ばれ、力を強めるだけでなく、日用品に使うことでマーラのご加護を得ることができ、家が守られるといわれています。クルスタ クルスツ（krusta krusts）とも表されます。

神様たちのこぼれ話
マーラ　日本で親しまれている歌「百万本のバラ」は、もともとは旧ソ連の弾圧下、ラトビアで作られた名曲で原題は「マーラが与えた人生」といいます。ラトビアで生きる母子の苦難の人生を歌ったものでした。

Ugunskrusts
(Thunder cross)

ウグンスクルスツ
雷を表す十字の文様は、幸福、天からの恵み、繁栄と成功の象徴です。人々は災いから身を守るためにミトンや靴下、シャツなどにこの文様を施しました。バリエーションも多く、家の中に邪気が入ってくるのを守るためにも使われたといいます。

saule
(Sun)

サウレ
サウレは太陽の女神。この文様は永遠の生命と世界を動かす大きな流れの象徴でした。もともとは単純な円で表されていましたが、月日を経て、周囲に8つのパーツを持つ現在の形に進化しました。正方形や菱形も太陽のシンボルとして使われます。

Auseklis
(Morning star)

アウセクリス
星の文様の中でも、特に有名なのがアウセクリス。夜の闇を退け、新しい朝の訪れを伝える明けの明星を表しています。その光は悪しきものから身を守る力があると考えられ人気がありました。一筆で描けるエイトポイントの星形です。

Kursta Zvaigzne
(Well)

クルスタ ズヴァイグズネ
井桁や井戸と呼ばれる文様。神秘的な生命の源を表し、現世と黄泉、人と神を結びつける力があるといわれています。星やサウレ（太陽）などと組み合わせて用いることが多い文様です。

Zalktis
(Serpent)

ザルクティス
ザルクティスは蛇を表す文様です。蛇は聖なる生き物として尊ばれ、知恵の象徴でもありました。なかでも白蛇は最も強い力を持っていたそうです。この文様はミトンやショールの縁を飾るボーダー柄として多く見られます。

Mēness
(Moon)

メーネス
メーネスは月の神様。戦士を守り、親を失った子どもたちを助けるといわれ、男性の装飾品や衣類によく用いられています。ミトンでは、サウレ（太陽）と一緒に配置し、文様の意味合いをより強めて使うこともありました。

神様たちのこぼれ話
　ウースィンシュ　ラトビアでは立夏をウースィンシュ・デイと呼び、この日を目安に家畜を野に放つのだそう。ウースィンシュは立夏祭の神様でもあります。

The needle and thread

糸と針のこと
The needle and thread

　ミトンの仕上がりをよくするために、最も大切なのが編み針の選び方です。ラトビアのミトンは、通常、5本の短い針を使って「輪」に編んでいきます。編み針の長さは約20〜25cmで先が丸く、材質は金属性。糸に応じて直径1〜3mmの棒針を使い分けます。なぜ5本かというと、最初から4本の針に同じ目数を置いて編んでいくので、指先側を減目する時、両脇から同じ目数を減らしていくだけで、きれいな三角形を作ることができるからだそう。減目の目数や段を間違いにくいのも利点です。

　次に糸。ミトンを編むのに最もよく使われるのは、2本撚りの細糸です。材質はもちろんウール100％。その太さはフェアイルニットで使う2plyの糸と同じくらいか、それよりやや細めです。多色の編み込み模様は色数が多くなるほど、裏に渡る糸の層が2重、3重になり、保温性の高い仕上がりになります。天然のウールだと表面の細かな繊維が使うほど絡み合い、さらに丈夫になるのだとか。美しさだけではなく、実用面でも優れた手法で、寒い地方ならではの特徴といえます。ちなみに熟練ニッターたちは、太めの糸（それでも並太くらいの糸なのですが）のことを「なまけ者の糸」と呼び、ミトン用に選ぶことはありません。早く編めるけれど、大柄でゴワゴワしたつけ心地の悪いミトンになってしまうからだそう。糸選びに迷った時はちょっと思い出してください。

初期のミトンは骨針を使い、北欧でも広く用いられていたノールビンドニングのような手法で編まれていました。

Column 2

糸の生まれる場所
リンバジの工場を訪ねて

ラトビア産の羊の原毛。「Latvijas tumšgalve」というローカルシープを用いています。

　ラトビアに流通しているウールの織物のうち、約80%を手掛けているという織物会社・リンバジュ ティーネ (Limbažu Tīne)。設立は1914年、伝統的なテキスタイルを伝える会社として100年を超えました。工場では羊毛の選別から、紡毛、織布までの工程を一手に行い、その品質は職人たちの手作業と経験によってしっかりと支えられています。

　とりわけ、民族衣装に使う織物は秀逸で、注文はほぼラトビア全土から舞い込むそう。そんな織物の情報をストックした何冊ものファイルは、この会社が築いた厚い信頼の証でもあります。特に民族衣装のスカートは地方によって配色や縞の間隔などが異なるので、その都度、細かいオーダーに対応しなければならないのだとか。そのため、織物に使う糸の中には1色につき、約80のカラーバリエーションを持つものもあるといいます。

羊の原毛をミックス。どの工程も職人の目が光っています。

原毛を何度も薄く伸ばし、ゴミを取り除きながら、繊維を一定方向に整えていきます。細かい繊維まで均一にならすことが大事。

リンバジュ ティーネのウール糸。1巻100g／約350m。2本撚りで、ややごわつきのある独特の風合い。

32

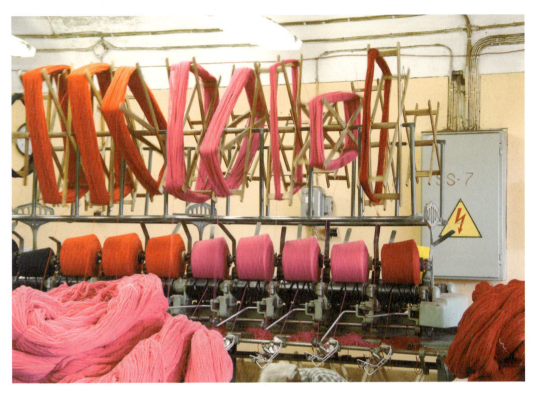

左／グリーンだけでもこの色数。しかもこれは一部。バリエーションの多さに創作意欲が沸き立ちます。下／民族衣装に使う織物を地域別に分けてファイリング。

織物に使う糸は、もちろんウール。だから、リンバジュ ティーネでは編み物に使う毛糸も生産しています。糸の原料になるウールは、ラトビアのローカルシープとニュージーランド産シープの原毛を混ぜて風合いを調節。ラトビアの羊の毛を混ぜることで糸の耐久性が上がるのだそう。違いは糸の撚り具合で、編み物用の糸は織物に比べて撚りを甘くし、丈夫ながらもふんわりした仕上がりになるよう工夫しているといいます。豊かな色バリエーションは織物の染色技術のたまもので、これがミトンなどに使われる人気の理由でもあります。

色鮮やかな糸から生まれてくるのは、伝統の織物であり、伝統の編み物。響く機械の音の中、皆が誇りを持って働いている姿がとても印象的でした。

Limbažu Tīne
リンバジュ ティーネ
Pļavu iela 4, Limbaži
Phone　+371 64022528
http://www.limbazutine.lv

Chapter 2

knitting mittens

ミトンを編む

ミトンというたった一つの形に
こんなに多くのバリエーションがあるのは、
ラトビアならではの魅力です。
ここでは代表的な4つの地方から
個性あふれる9つのミトンをセレクトしました。
指先はどれも三角形。
基本的な編み方はクルゼメ地方の花柄のミトンで、
プロセスを紹介しています。
急がずに、ゆっくりと。
手間をかけて編み物をする楽しさを
味わってください。
Design&Knitting　Hobbywool (P.162)

Kurzeme
クルゼメ地方のミトン

大きな花柄のミトン

鮮やかなピンクを配色に用いたクルゼメ地方のミトンです。大柄の模様は裏に渡る糸が長くなるので注意して。5目以上離れる場合は、糸同士をからめながら編みます。

How to make 大きな花柄のミトン

糸
合細ストレートヤーン(2本撚り)
生成り28g、ピンク18g、緑20g
※糸量は目安です。使用する糸によって同じグラム数でも長さが違うので注意してください。

針 棒針(短5本針)2号

ゲージ
編み込み模様32.5目×34段(10cm平方)

できあがりサイズ
手のひら回り22cm、丈26cm

編み方
※記号図は甲側と手のひら側の模様が同じなので、片面のみの表記にしています。実際に編む時は、本体の記号図をもう一回くり返して編んでください。その際、右手と左手の親指の位置が違うので、製図で位置を確認してから編み進めてください。

▶指でかける作り目で72目作り目して、模様編みを編み始める。8段まで編んだら模様編みをダブル(2つ折り)にして作り目のループを拾い目しながら、9段めを編む(P.39〜40のピコットの縁飾りを作る参照)。

▶続けて、本体の編み込み模様を、親指の位置に別糸を編みながら増減なく68段編む。指先は減目しながら16段編む。

▶親指の位置の別糸をほどいて、上下の目を32目輪に拾い(P.43の親指を編む参照)、親指の編み込み模様を22段編む。

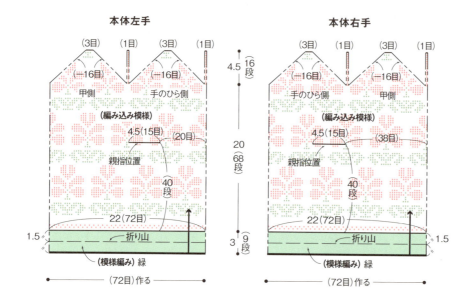

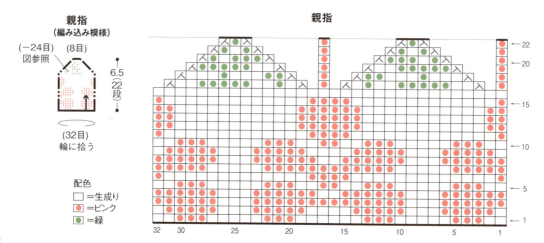

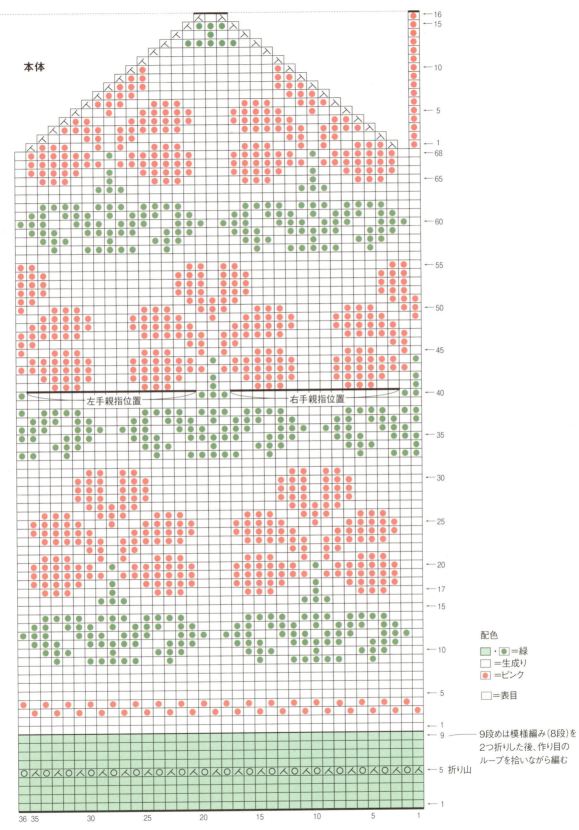

How to make　大きな花柄のミトン

編み進める手順 ▾▾▾▾▾▾▾▾▾▾▾▾▾▾

2-1. 模様を編む（2色の編み込み）
地糸を下に、模様となる配色糸を上にして指にかけ、常に順番が変わらないように編む。

2-2. 模様を編む（3色の編み込み）
地糸と配色糸の編み方は 2-1 と同じ。地糸と配色糸1、2の並び順を決めておくのがポイント。※編み地の裏側に、休ませている糸が長く渡ってしまう場合は、途中で渡り糸をすくいながら編む。

★糸始末する
糸端をとじ針に通し、編み地の裏側の目を数目くぐらせてから、編み地の際で糸を切る。

4. 指先の減らし目をする
編み地の両端で同じ目数ずつ、減らしていく（前後の減らし目位置の間に1目残るので、これがピンクのラインになる）。編み終わりは8目残っている。この目に糸を2周、通して絞る。

5. 親指を編む
あき口の別糸をほどき、針に目を移して編む。

3. 親指のあき口を別糸で編む
後でほどけるように別糸（コットン糸）で編む。

1. ピコットの縁飾りを作る
作り目は、一般的な「指でかける作り目」。かけ目で穴をあけた編み地を編み、2つ折りして、ピコットを作ります。

糸と針の選び方 ▾▾▾▾▾▾▾▾▾▾▾▾▾▾

糸
作品に使用した糸は、すべてラトビアのウール糸を使用してします。染色がオリジナルのものもあり、日本では手に入らない糸もありますので、その場合は下記の写真と作品のゲージを参考にして、ウール100%の合細～中細糸（2本撚りの糸）の中から似た色＆太さの糸を選んでください。P.175 で紹介しているショップでも一部、糸やキットなどの取り扱いがあります。

糸原寸（太さの参考にしてください）

針
作品に使用した針は直径約2～3mm、長さ20～25cmの金属製5本針です（P.23、P.92～109のミトンを除く）。日本製の場合は、1～2号針（編み地が大きくなってしまう場合は、1サイズ下の棒針を選んでください）を目安にしてください。また、糸によっても適正号数が変わります。使用する糸が決まったらまずゲージを編み、サイズを確認してから編み始めることをおすすめします。

針原寸（直径2mm）

※ゲージとは、使用する糸と針で編んだ10×10cm角の編み地の中に、何目×何段あるかを数えたもの。

ピコットの縁飾りを作る

1 糸を輪にして持ち、1目めのループを作る。糸端は編む幅の約3倍を残しておく。

2 糸の輪を棒針2本に通して引き締める。これが1目め。

3 「指でかける作り目」で必要な目数を作る。

4 作り目が72目できたところ。これが模様編みの1段め。

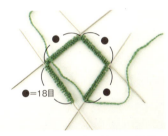

5 針を1本抜き、4本の針に18目ずつ分ける。

6 5本めの針を使い、4段めまで表目を輪に編む。4段めが編めたところ。

7 5段めは、最初の2目に矢印のように針を入れる。

8 糸をかけて表目を編む。

9 左上2目一度が編めたところ。

10 続けて、針に糸を手前から向こう側にかける(かけ目)。

11 左上2目一度1目・かけ目1目をくり返して最後まで編む。

39

How to make　大きな花柄のミトン

12 6〜8段を表目で編む。8段めが編めたところ。

13 9段めはまず、編み始めの端が内側になるように2つ折りする。

14 作り目の1目めの鎖半目（外側の糸1本）に針を入れて目を拾う。

15 目を拾ったところ。

16 拾った目を一旦、左の針に移す。

17 移した目と編み地の1目めを一緒に、表目を編む。

18 表目を編んだところ。編み地の端と8段めの1目が一緒に編まれている。

19 最後まで同様に表目を編む。9段めが編めたところ。

※編み地を2つ折りしたことで、かけ目部分がへこみ、ピコットのような凹凸ができる。

ミニミトン P.112

太陽のミトン P.101

サウレの花ミトン P.106

ピコットの縁飾りを使用した作品

クルゼメ地方のミトン
カラフルな複合柄のミトン
P.46

ラトガレ地方のミトン
モノトーンのミトン
P.67

ラトガレ地方のミトン
小花柄のミトン
P.70

花柄のミトン<B>
P.130

花柄のミトン<E>
P.136

模様を編む

2色の編み込み模様
使用する2本の糸は、地糸を下、配色糸を上にして編んでいく。

20 編み込み模様の3段めは、ピンクの糸（配色糸1）をつけて白の糸（地糸）を下に休ませ、上から1目めを表目で編む。

21 ピンク（配色糸）を上に休ませ、下から白の糸（地糸）をかけて表目を編む。

22 常に地糸は配色糸の下から、配色糸は地糸の上から編む。3段めが編めたところ。

3段めの裏
糸が1目置きに、横に渡っている。

糸が裏側で長く渡る場合
編み込む位置が5目以上離れる場合は、休ませている糸を編み地の裏側ですくいながら編む。

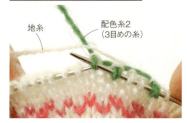

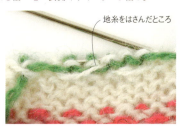

23 9段めで白の糸（地糸）が5目離れるところを編む。最初に、緑の糸（配色糸2）で2目編んだ後、緑の糸の上に休ませている白い糸をはさみ、続けて緑の糸で3目編む。

24 緑の糸（配色糸2）を5目編んだところ（9段めの12目まで編んだところ）。

24 を裏から見たところ。中央で白の糸（地糸）が緑の糸（配色糸2）と編み地にはさまれている。

3色の編み込み模様
基本は2色の編み込み模様の時と同じだが、地糸、配色糸1、配色糸2を常に同じ順序に並べておくと、裏側に渡る糸がきれいに揃う。

25 17段めは3色で編む。下から、白、ピンク、緑の順になるように糸を並べる。
※並べる順序は自由だが、一度決めたら、その並びを変えないようにする。写真は、17段めを編み進めた時、最初に出てくる色の順序にしている。

26 上に配色糸を休ませて最初の白の糸（地糸）を編んだところ。同様に、ピンクを編む時は上下の糸を休ませて中央から、緑の糸を編む時は下2本の糸を休ませて上から編む。

27 2色の編み込み模様の編み方、3色の編み込み模様の編み方を参照し、裏側で長く渡る位置は糸をはさみながら、増減なく本体を編み進める。30段めが編めたところ。花の模様が1つできている。

How to make　大きな花柄のミトン

親指のあき口を別糸で編む

28 41段めの親指のあき口の手前まで編んだら、別糸をつける(後からほどきやすいコットン糸を使う)。

29 別糸で15目編んだところ。

30 別糸で編んだ目を一旦、左の針に移す。

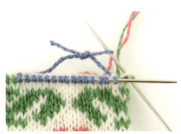

31 移し終わったら、別糸の端同士を結ぶ。

32 あらためて、別糸の上から41段めを編む(別糸は段には数えない)。

33 41段めを編んだところ。

指先の減らし目をする

34 続けて、68段めまで増減なく編む。

35 指先の1段めはピンクの糸で1目編んでから、右上2目一度を編む。まず、2目めを編まずに、右の針に移す。

※ 右上2目一度

編まずに移す

36 編まずに移したところ。

37 次の目を白の糸(地糸)で表目を編む。

かぶせる

38 36で編まずに移した目を、37で編んだ目にかぶせる。

39 右上2目一度が編めたところ(1目、減目している)。

42

指先(トップ)の始末

40 指先の1段めの左端は、左上2目一度(P.39)で1目、減目する。記号図通り、右で右上2目一度、左で左上2目一度を編んで減目しながら16段編む。16段めが編めたところ。

41 糸端を約15cm残して糸を切り、白の糸端をとじ針に通す。残っている8目にぐるりと2周、糸を通す。

42 糸を引いて、目を絞る。

43 ミトンの頂点からとじ針を入れて、糸端を裏側に出し、編み地の目に数目くぐらせて糸始末する。

44 ミトン本体(親指を除く)が編めたところ。

親指を編む

45 別糸の目の上下の目を棒針で拾う。

●の糸を拾う

46 すべて拾ったところ。

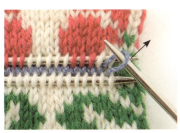

47 別糸の結び目(裏側)をほどいて、別糸を抜く。

48 別糸を抜いたところ。下の針に15目、上の針に16目かかっている。

43

How to make　**大きな花柄のミトン**

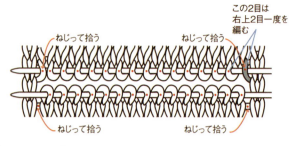

49 50〜64は親指まわりの目を図のように拾って編む。

50 まず、糸をつけて編み始める。

51 15目めまで針を2本に分けて編む。

52 15目めと16目めの間の渡り糸（シンカーループ）を拾う。

53 矢印のように左から針を入れる。

54 そのままねじって表目を編む。

55 上の針にかかった★の目（54参照）を空いている針に移す。

56 ★の目に表目（ねじり目）を編む。

57 続けて、表目で13目編む。14目めは手前から針を入れ、編まずに右の針へ移す。

58 次の目は矢印のように針を入れてねじり目を編む。

59 編まずに移した目を58で編んだねじり目にかぶせる。

60 右上2目一度で1目減目したところ。

61 下段の編み始めとその右の目の間の渡り糸（シンカーループ）を空いている針ですくう。

62 矢印のように針を入れ、表目（ねじり目）を編む。

63 表目（ねじり目）を編んだところ。

64 親指の1段めが編めたところ。全部で32目拾っている。

糸始末する

65 本体と同様に、2〜16段めまでは増減なく、17〜22段めは編み地の両側で減目しながら編む。編み終わりの糸を約15cm残して切って、とじ針に通し、41〜43のように始末する。

66 親指が編めたところ。親指にも模様が編み込まれている。

67 残っている編み始めの糸端、編み終わりの糸端をそれぞれとじ針に通して糸始末する。配色糸は同じ色の目に数目くぐらせて始末する。

★左手を編む場合は…
手のひら側と甲側の編み込み模様は同じ模様のくり返しなので、右手と左手の編み方は同じです。ただし、親指の編み込み位置が変わるので、注意しましょう。

45

Kurzeme
クルゼメ地方のミトン

カラフルな複合柄のミトン

鮮やかなオレンジや黒が使われるのもクルゼメ地方の特徴です。月の文様のボーダーにアウセクリスと大きな菱形の模様（斜めに延びる大柄）を組み合わせたデザインです。

How to make　カラフルな複合柄のミトン

糸
合細ストレートヤーン（2本撚り）
黒52g、緑26g、青18g、オレンジ10g、
黄3g、赤3g
※糸量は目安です。使用する糸によって
　同じグラム数でも長さが違うので注意してください。

針　棒針（短5本針）2号

ゲージ
編み込み模様36目×32段（10cm平方）

できあがりサイズ
手のひら回り20cm、丈31.5cm

編み方
※記号図は甲側と手のひら側の模様が同じなので、片面のみの表記にしています。実際に編む時は、本体の記号図をもう一回くり返して編んでください。その際、右手と左手の親指の位置が違うので、製図で位置を確認してから編み進めてください。

▶ 指でかける作り目で72目作り目して、模様編みを編み始める。8段めまで編んだら模様編みをダブル（2つ折り）にして作り目のループを拾い目しながら、9段めを編む（P.39〜40のピコットの縁飾りを作る参照）。

▶ 続けて、本体の編み込み模様を、親指の位置に別糸を編みながら増減なく81段編む。指先は減目しながら16段編む。

▶ 親指の位置の別糸をほどいて、上下の目を32目輪に拾い（P.43の親指の編み方参照）、親指の編み込み模様を23段編む。

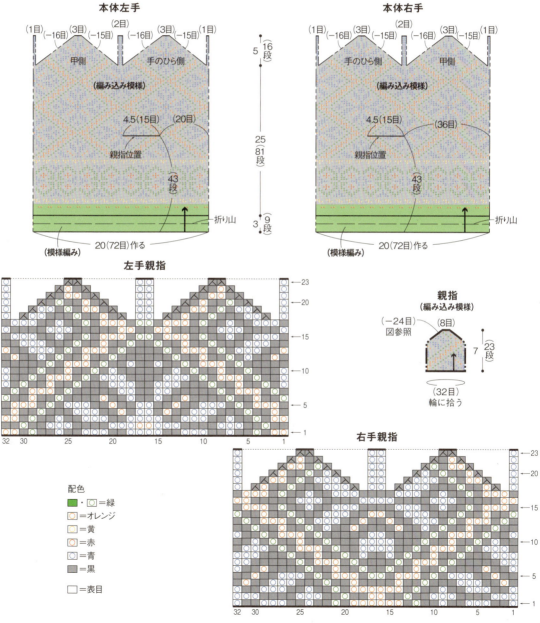

本体

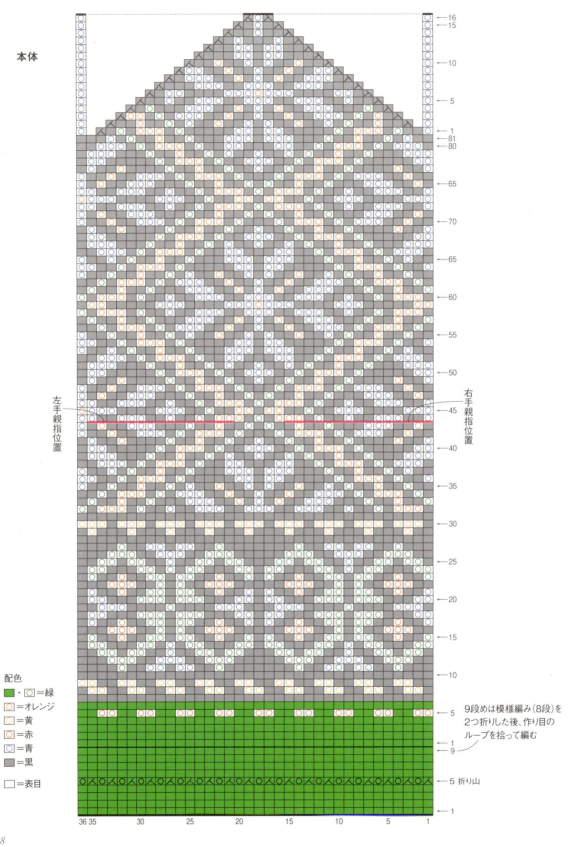

左手親指位置 右手親指位置

配色
・□=緑
□=オレンジ
□=黄
□=赤
□=青
□=黒

□=表目

9段めは模様編み(8段)を
2つ折りした後、作り目の
ループを拾って編む

折り山

ミトンの民謡

Pār pļavinu pāriedama,
Raibus cimdus noadīju.
Kādi ziedi pļaviņāi,
Tādi raksti cimdiņā.

アルスンガ県

牧場を通りぬけて
多彩な手袋を編みぬいた
牧場の花の配色に従い
手袋にそうやって編んだ

和訳　ウギス・ナステビッチ

(クリシュヤーニス・バロンス氏生前時の「民謡の戸棚」では未記録ですが、今日でもラトビア西部で歌い継がれている歌です)

Kurzeme
クルゼメ地方のミトン

レッドモチーフのミトン

甲の大きなモチーフはアウセクリスのバリエーション。赤×黒の組み合わせでドラマチックに。クルゼメ地方のミトンは黒をベースに鮮やかな色を際立たせることが多かったそう。

How to make　レッドモチーフのミトン

糸
合細ストレートヤーン(2本撚り)
黒44g、赤28g、緑8g
※糸量は目安です。使用する糸によって同じグラム数でも長さが違うので注意してください。

針　棒針(短5本針)2号

ゲージ
編み込み模様36目×41段(10cm平方)

できあがりサイズ
手のひら回り22cm、丈25cm

編み方
※記号図は甲側と手のひら側の模様が同じなので、片面のみの表記にしています。実際に編む時は、本体の記号図をもう一回くり返して編んでください。その際、右手と左手の親指の位置が違うので、製図で位置を確認してから編み進めてください。

▶ 指でかける作り目で72目作り目して、模様編みを6段編む。指定の位置でリング編みのフリンジ(P.78参照・糸は人さし指に3回巻く)を編む。フリンジの糸の色を替える時は、編み進む糸を手前に持ってきて、編み地の表側(実際はこの面が裏になる)で糸を交差させて配色替えをする。

▶ 続けて、本体の編み込み模様Aを22段編み、模様編みBの1段目で70目に減目して、親指の位置に別糸を編みながら増減なく54段編む。指先は減目しながら16段編む。

▶ 親指の位置の別糸をほどいて、上下の目を32目輪に拾い(P.43の親指を編む参照)、親指の編み込み模様を27段編む。

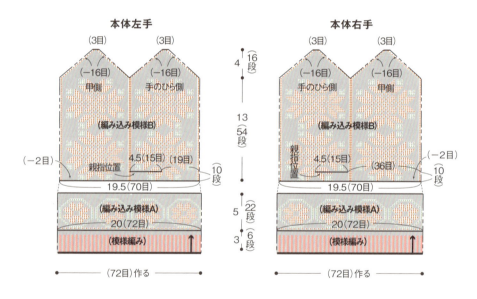

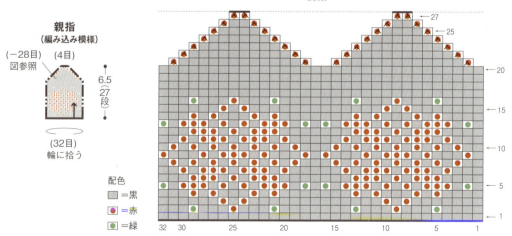

配色
■=黒
●=赤
●=緑

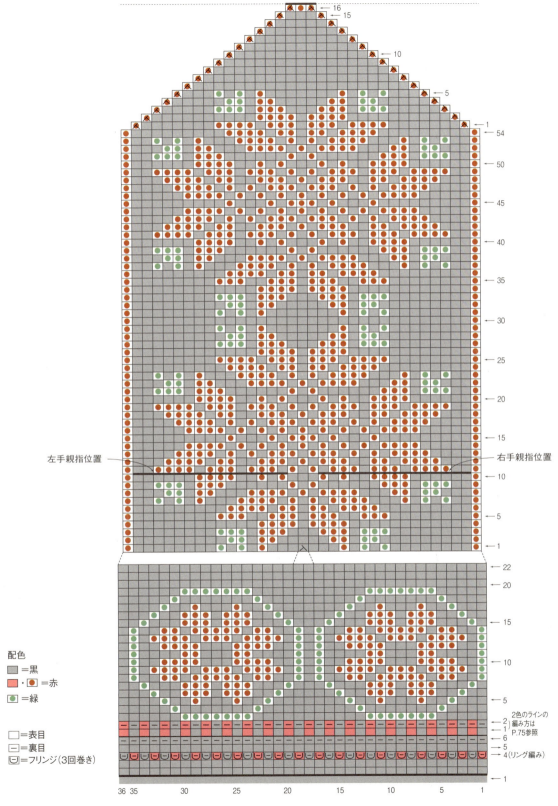

Zemgale
ゼムガレ地方のミトン

ラインとステッチのミトン

ゼムガレ地方の中心の街、バウスカで編まれたミトン。大きな特徴は凹凸のある2色使いのラインと後から施す刺繍です。マーラのジグザグと十字の文様が使われています。

How to make　ラインとステッチのミトン

糸
合細ストレートヤーン(2本撚り)
生成60g、青6g、赤10g、黄3g、緑2g
※糸量は目安です。使用する糸によって
　同じグラム数でも長さが違うので注意してください。

針　棒針(短5本針)2号

ゲージ
編み込み模様30目×38段(10cm平方)

できあがりサイズ
手のひら回り24cm、丈25.8cm

編み方
※記号図は甲側と手のひら側の模様が同じなので、片面のみの表記にしています。実際に編む時は、本体の記号図をもう一回くり返して編んでください。その際、右手と左手の親指の位置が違うので、製図で位置を確認してから編み進めてください。

▶指でかける作り目で72目作り目して、ガーター編みを4段編む。

▶続けて、本体の編み込み模様を親指の位置に別糸を編みながら、増減なく62段めまで編む。メリヤス編みの1段で68目に減目、4段で64目に減目、7段で60目に減目し、22段めまで増減なく編む。指先は減目しながら13段編む。

▶親指の位置の別糸をほどいて、上下の目を30目輪に拾い(P.43の親指を編む参照)、7段で26目に減目し、20段めまで増減なく編み、指先は減目しながら編む。

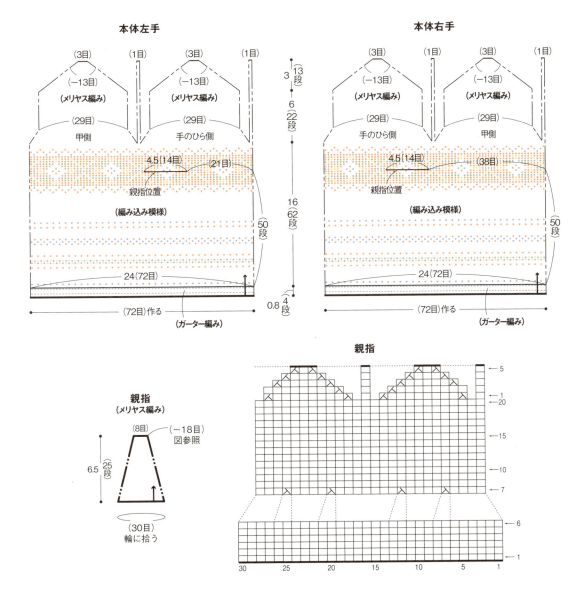

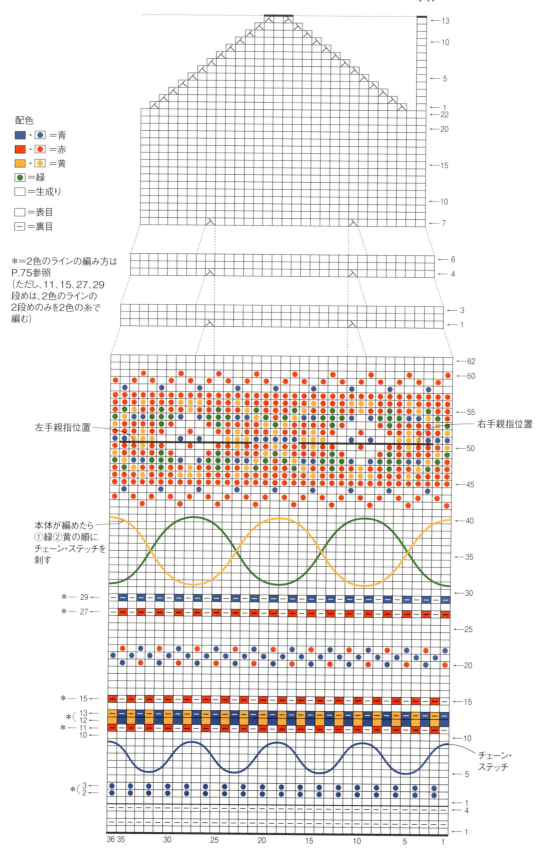

Zemgale
ゼムガレ地方のミトン

ボーダーとフリンジのミトン

指先側が白いのはゼムガレ地方のミトンの特徴です。編み込み部分は無地のところより横幅が狭くなりがちなので、糸を引くテンションに注意して。花のように見えるのは太陽の文様のバリエーション。上下の細いボーダーにはマーラの文様が使われています。

How to make　ボーダーとフリンジのミトン

糸
合細ストレートヤーン(2本撚り)
生成り46g、オレンジ16g、緑10g、青8g、黄6g
※糸量は目安です。使用する糸によって同じグラム数でも長さが違うので注意してください。

針　棒針(短5本針)2号

ゲージ
編み込み模様32.5目×34段(10cm平方)
メリヤス編み29目×36.5段(10cm平方)

できあがりサイズ
手のひら回り22cm、丈31cm

編み方
※記号図は甲側と手のひら側の模様が同じなので、片面のみの表記にしています。実際に編む時は、本体の記号図をもう一回くり返して編んでください。その際、右手と左手の親指の位置が違うので、製図で位置を確認してから編み進めてください。

▶ 指でかける作り目で72目作り目して、模様編みを10段編む。指定の位置でリング編みのフリンジ(P.78参照・糸は人さし指に2回巻く)を編む。フリンジの糸の色を替える時は、編み進む糸を手前に持ってきて、編み地の表側(実際はこの面が裏になる)で糸を交差させて配色替えをする。

▶ 続けて、本体の編み込み模様を51段編み、続けてメリヤス編みを親指の位置に別糸を編みながら増減なく31段編む。指先は減目しながら14段編む。

▶ 親指の位置の別糸をほどいて、上下の目を28目輪に拾い(P.43の親指を編む参照)、メリヤス編みで24段編む。

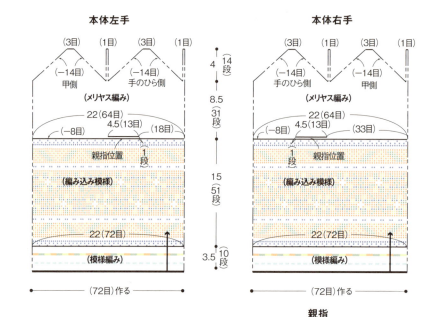

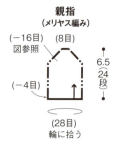

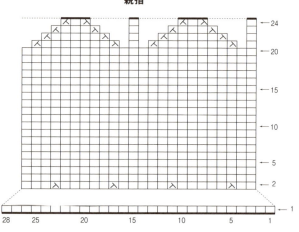

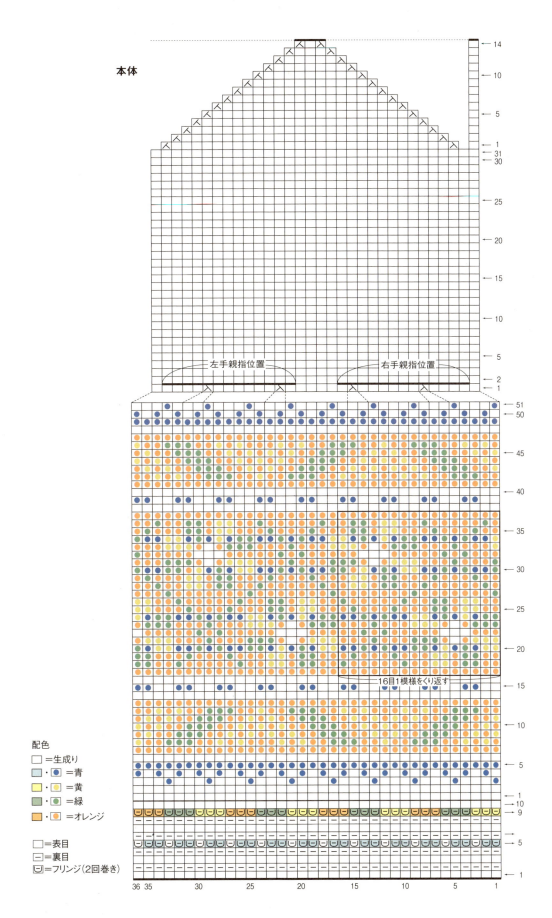

Vidzeme
ヴィゼメ地方のミトン

ナチュラルカラーのミトン

ヴィゼメ地方のTirzaで編まれたミトン。茶、こげ茶、グレーの原毛そのもののナチュラルカラーで編んでいます。菱形はどの地方でも使われる模様ですが、太陽の文様として使われることもあります。

How to make　ナチュラルカラーのミトン

糸
合細ストレートヤーン(2本撚り)
濃茶62g、白20g、グレー10g
※糸量は目安です。使用する糸によって同じグラム数でも長さが違うので注意してください。

針　棒針(短5本針)2号

ゲージ
編み込み模様38目×35段(10cm平方)
2目ゴム編み31.5目×33段(10cm平方)

できあがりサイズ
手のひら回り20cm、丈30.5cm

編み方
※記号図は甲側と手のひら側の模様が同じなので、片面のみの表記にしています。実際に編む時は、本体の記号図をもう一回くり返して編んでください。その際、右手と左手の親指の位置が違うので、製図で位置を確認してから編み進めてください。

▶指でかける作り目で76目作り目して、2目ゴム編みを25段編む。

▶続けて、本体の編み込み模様を親指の位置に別糸を編みながら増減なく63段編む。指先は減目しながら18段編む。

▶親指の位置の別糸をほどいて、上下の目を30目輪に拾い(P.43の親指を編む参照)、親指の編み込み模様を26段編む。

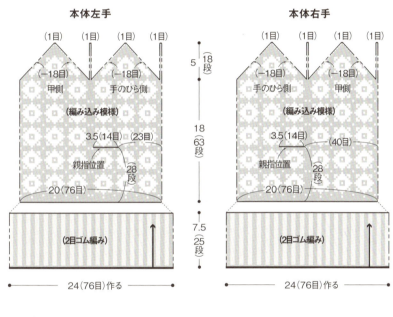

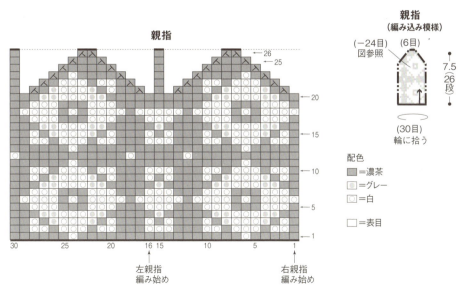

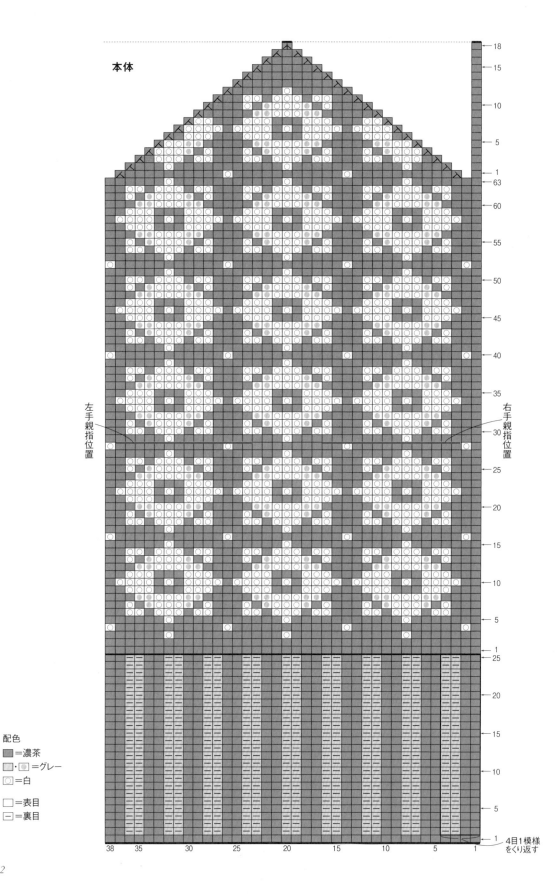

Vidzeme
ヴィゼメ地方のミトン

小さな文様とボーダーのミトン

ヴィゼメ地方のミトンは小さな文様の組み合わせも多く見られます。このミトンも小さな星のくり返しやマーラの文様のボーダーを使用。縁のボーダーの裏編みは18世紀半ばから使われるようになりました。

How to make　小さな文様とボーダーのミトン

糸
合細ストレートヤーン(2本撚り)
黒40g、グレー30g、黄10g、オレンジ8g、
緑6g、
※糸量は目安です。使用する糸によって同じ
グラム数でも長さが違うので注意してください。
針　棒針(短5本針)2号
ゲージ
編み込み模様33目×39.5段(10cm平方)
模様編み30目×53段(10cm平方)
できあがりサイズ
手のひら回り22cm、丈31.5cm

編み方
※記号図は甲側と手のひら側の模様が同じなので、片面のみの表記にしています。実際に編む時は、本体の記号図をもう一回くり返して編んでください。その際、右手と左手の親指の位置が違うので、製図で位置を確認してから編み進めてください。
▶指でかける作り目で72目作り目して、模様編みを16段編む。
▶続けて、本体の編み込み模様を、親指の位置に別糸を編みながら増減なく96段編む。指先は減目しながら17段編む。
▶親指の位置の別糸をほどいて、上下の目を30目輪に拾い(P.43の親指を編む参照)、親指の編み込み模様を24段編む。

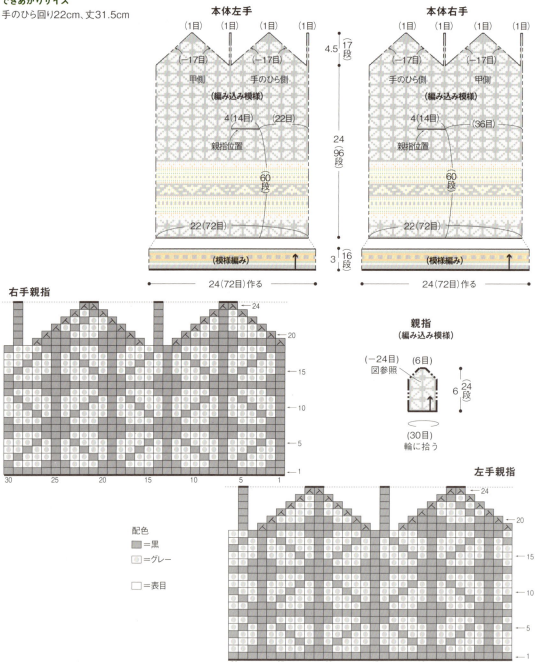

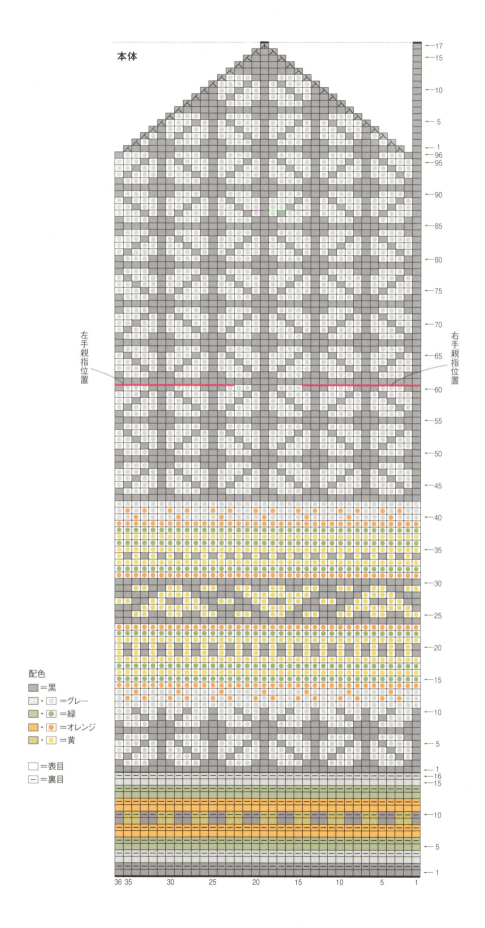

ミトンの民謡

Tūļu, tūļu, tautu dēls,
Ko tik ilgi tūļojies?
Cimdiem rakstus izadīju,
Pie vārtiem stāvēdama.

リガ県

おくて、おくて、
我が婿が なんておくてなものか
門前で来るのを待っている内に
手袋の柄を編み尽くしたわ

出典　ラトビア国宝文化財「民謡の戸棚 (Dainu Skapis)」
和訳　ウギス・ナステビッチ

「民謡の戸棚 (Dainu Skapis)」
ラトビアの国宝文化財。クリシュヤーニス・バロンズ氏が生前時に、ラトビアの民謡 268,815 編を短冊に
記して戸棚に収録。その後、後輩の民俗学者たちによって追加記録され、現在は 120 万編が納められている。

Latgale
ラトガレ地方のミトン

モノトーンのミトン

白と黒の配色は、光と闇、空と大地、男性と女性などを表し、そこに加える赤は太陽や生命のエネルギーのシンボルとしてラトビアのミトンに広く使われています。また、ラトガレ地方は星の文様のバリエーションが豊富です。

How to make　モノトーンのミトン

糸
合細ストレートヤーン（2本撚り）
黒32ｇ、生成り30ｇ、赤8ｇ
※糸量は目安です。使用する糸によって同じグラム数でも長さが違うので注意してください。
針　棒針（短5本針）2号
ゲージ
編み込み模様32.5目×34段（10cm平方）
できあがりサイズ
手のひら回り22cm、丈29cm

編み方
※記号図は甲側と手のひら側の模様が同じなので、片面のみの表記にしています。実際に編む時は、本体の記号図をもう一回くり返して編んでください。その際、右手と左手の親指の位置が違うので、製図で位置を確認してから編み進めてください。

▶ 指でかける作り目で72目作り目して、模様編みを編み始める。12段めまで編んだら模様編みをダブル（2つ折り）にして作り目のループを拾い目しながら、13段めを編む（P.39〜40のピコットの縁飾りを作る参照）。

▶ 続けて、本体の編み込み模様を、親指の位置に別糸を編みながら増減なく77段編む。指先は減目しながら16段編む。

▶ 親指の位置の別糸をほどいて、上下の目を32目輪に拾い（P.43の親指を編む参照）、親指の編み込み模様を26段編む。

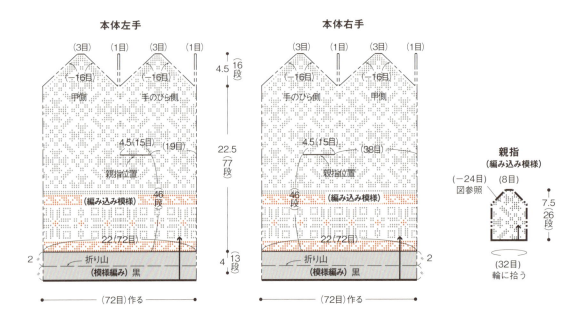

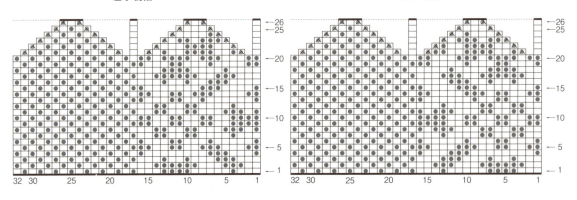

配色
□=生成り
●=黒　　□=表目

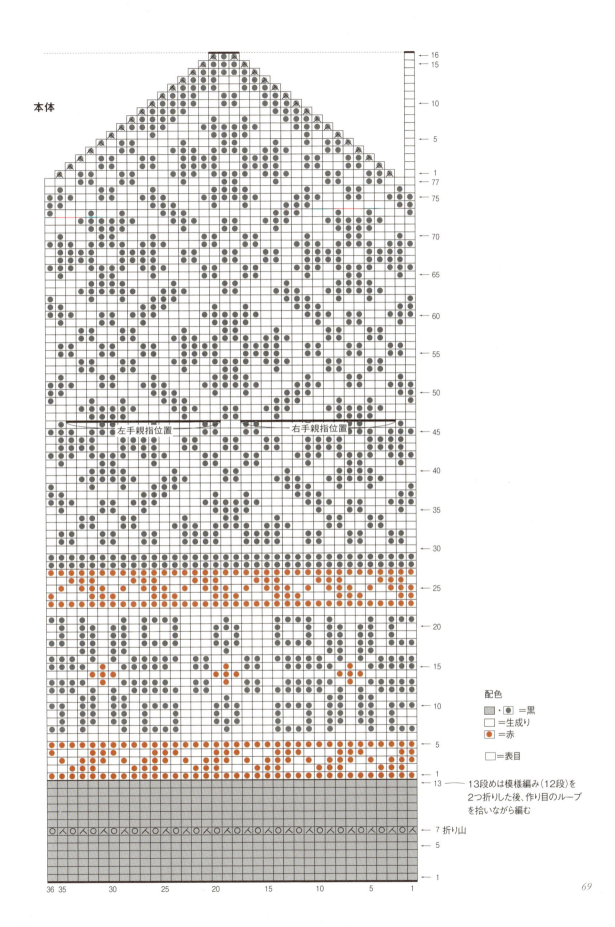

Latgale
ラトガレ地方のミトン

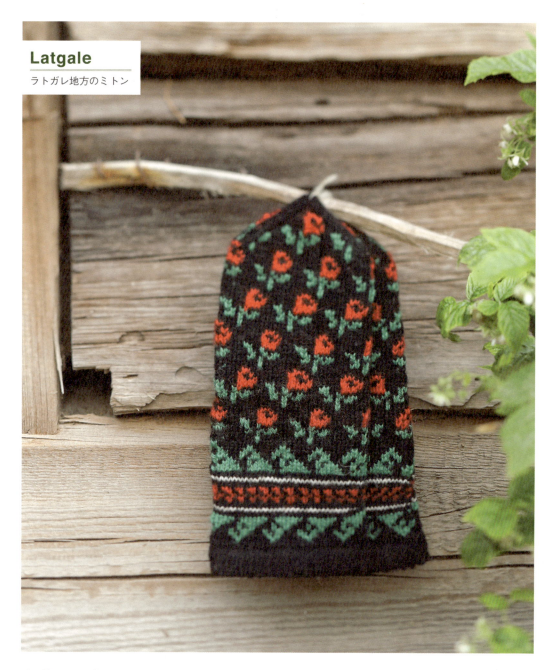

小花柄のミトン

ラトガレ地方の小花柄は東部地域を中心によく編まれていた模様です。手首側のボーダー柄の上下を飾っている波のような連続模様は、ラトガレ地方独特のもので、他の地方ではほとんど見ることができません。

How to make　小花柄のミトン

糸
合細ストレートヤーン（2本撚り）
黒52g、緑20g、赤14g、淡グレー3g
※糸量は目安です。使用する糸によって同じグラム数でも長さが違うので注意してください。

針　棒針（短5本針）2号

ゲージ
編み込み模様33目×45段（10cm平方）

できあがりサイズ
手のひら回り22cm、丈25cm

編み方
※記号図は甲側と手のひら側の模様が同じなので、片面のみの表記にしています。実際に編む時は、本体の記号図をもう一回くり返して編んでください。その際、右手と左手の親指の位置が違うので、製図で位置を確認してから編み進めてください。

▶指でかける作り目で72目作り目して、模様編みを編み始める。18段めまで編んだら、模様編みをダブル（2つ折り）にして作り目のループを拾い目しながら、19段めを編む（P.39〜40のピコットの縁飾りを作る参照）。

▶続けて、本体の編み込み模様を、親指の位置に別糸を編みながら増減なく88段編む。指先は減目しながら16段編む。

▶親指の位置の別糸をほどいて、上下の目を36目輪に拾い（P.43の親指を編む参照）、親指の編み込み模様を27段編む。

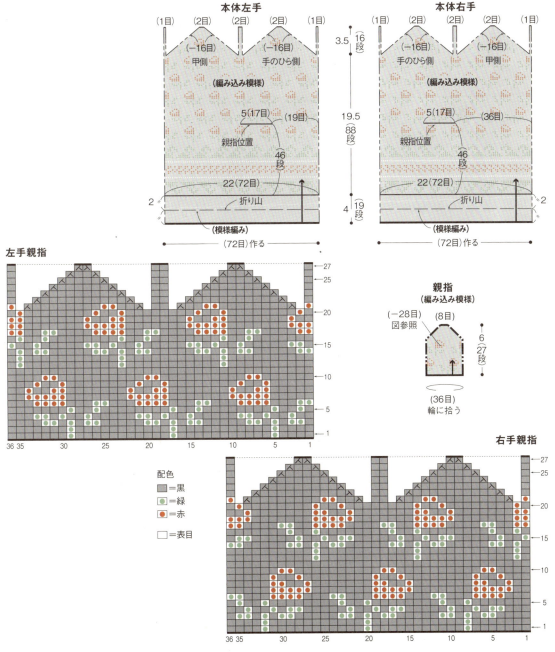

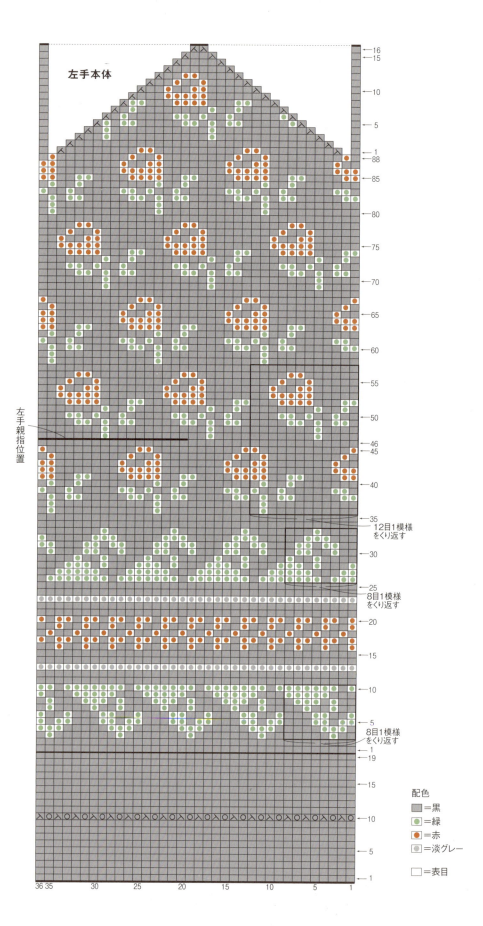

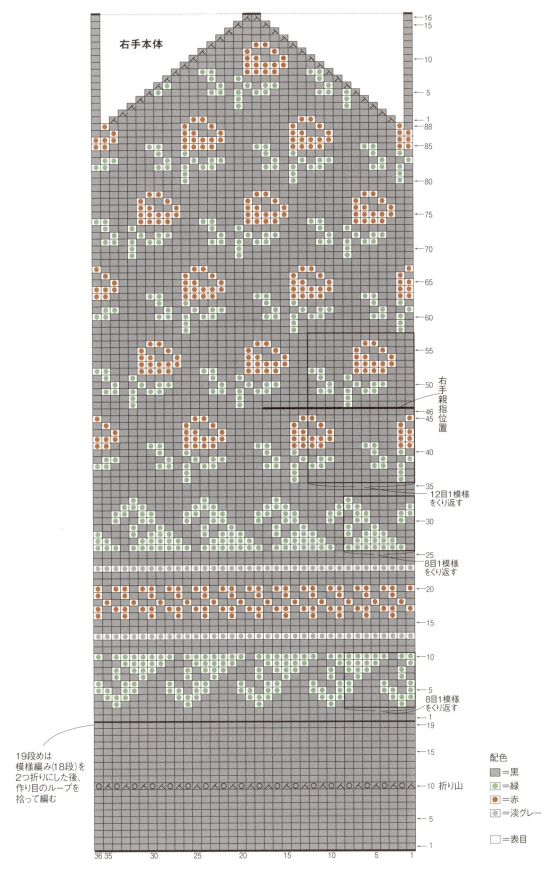

Point technique

ミトンを編むためのポイントテクニック

ラトビアのミトンの魅力は編み込み模様だけではありません。
特徴のあるフリンジやスカラップ、凹凸のあるライン。
どれもアクセントとして組み合わせることで、
ミトンの印象をぐっとアップさせるテクニックばかりです。
覚えておくと他の作品にも応用できて便利です。

● 3本の糸で作る 作り目

作り目が太い横ラインになる作り目です。作品では単色ですが、2色の糸で作るとさらにインパクトのある縁に仕上がります。

使用した作品

ミニミトン P.112

せせらぎのミトン P.96

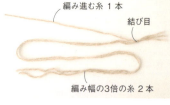

1 地糸（編んでいく糸）1本と作り目用の糸（2色で作る場合は配色糸）2本を用意し、3本の糸をまとめて結ぶ。
※作り目用の糸は、編み幅の約3倍の長さを用意する。

2 糸を1本と2本に分けて、左手にかける。右手で針と糸の結び目を持つ。

3 一般的な「指でかける作り目」で1目めを作る。

4 1目めのできあがり。

5 一度、親指にかけた糸を外し、あらためて2本の糸の下から上に親指を入れてかけ直す。

6 親指の糸をかけ直したところ。続けて、まず1、2の順に針を動かして目を作る。

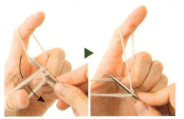  

7 手前の糸をすくって親指の間から手前に引き出す。親指の糸をはずし、目を引き締める。

8 2組(4目)ができたところ。

9 3～8をくり返して、必要な目数を作る。

●2色のライン

2段で1本のラインになります。1段めは表目、2段めは地糸と配色糸を手前に置いて、交差させながら裏目を編んでいきます。

使用した作品

クルゼメ地方のミトン
レッドモチーフのミトン
P.50

ミニミトン
P.112

ゼムガレ地方のミトン
ラインとステッチのミトン
P.54

せせらぎのミトン
P.96

1 ラインの1段めは地糸と配色糸を表目で交互に編む。1段編んだら、糸を手前に置く。

2 前段と同じ色の糸(写真は地糸)で裏目を編む。

3 地糸で裏目を1目編んだところ。

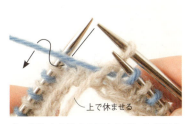  

4 配色糸を地糸の下から出して、裏目を編む。

5 配色糸で裏目を1目編んだところ。

6 編み終わった糸は上で休ませ、次に編む糸を下から引き上げて編み進める。

75

Point technique

7 2段めの最後まで編んだところ。

8 ラインが1本の場合は、糸を後ろ側に戻して、表目を編んでいく。

● 2色の幅広ライン

2色のラインにもう1段追加することでヘリンボーンのようなV字の模様が横向きに並びます。3段めは編む糸の交差の仕方が変わります。

使用した作品
▼▼▼▼▼▼▼▼

星の文様のミトン
P.23

モヘアで編むミトン
P.124

※P.125のモヘアで編むミトンの記号図を例にプロセスを紹介しています。

1 2色のラインが編めたところ(ラインの2段めが編めたところ/2色のラインの工程7の状態)。

2 糸を手前に置いたまま、3段めを編む。1目めは前段の目と同じ色(地糸)で裏目を編む。

3 次の目を編む時は、配色糸を地糸の上に置いて、裏目を編む。

4 2～3をくり返して、編み進める。

5 3段めの最後まで編んだところ。

星の文様のミトンは、1の2色のラインを**2～3**と同じ要領で編み、3段めをP.75の2色のラインの2段めと同じ要領で編む(編む糸の引き上げ方を逆にすることでV字の向きが逆になる)。

●すべり目で作るスカラップ

ゆるやかな波形のスカラップは減らし目・かけ目・すべり目のコンビネーションで作ります。縁の配色を切り替えると、ラインがより明確に。

使用した作品
▼▼▼▼▼▼▼▼▼▼▼

花柄ミトン＜A＞…P.128

※P.129の花柄ミトン＜A＞の記号図を例にプロセスを紹介します。

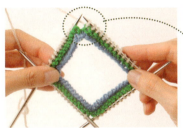

1 4段編んだところ。

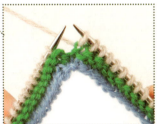

1〜2段は表目、3段は裏目、4段は表目で編む。ここまでは編み地の端はまっすぐ。

2 5段めは右上2目一度1目・表目2目を編んでから、針に糸を手前から向こう側にかける（かけ目）。

3 次の目は編まずに右の針に移す。

4 編まずに移したところ（すべり目）。

5 針に糸をかけ（かけ目）、表目を2目編む。すべり目を中心に左右対称になっている。

6 続けて左上2目一度1目・裏目1目を編む。スカラップはこの**2〜6**が1模様になるので、これをくり返して編む。

7 8段めまで同様に編む。すべり目の位置がくぼみになっている。

77

Point technique

● リング編みの
　フリンジ

棒針のリング編みで縁のフリンジを作ります。編んでいる途中は、ループが崩れやすいので、しっかり押さえて編むことが重要です。

使用した作品

クルゼメ地方のミトン
レッドモチーフのミトン P.50

ゼムガレ地方のミトン
ボーダーとフリンジのミトン P.57

※P.53のクルゼメ地方のミトン＜レッドモチーフのミトン＞の記号図を例にプロセスを紹介します。

1 表目で3段編み、編み地の裏面が表になるように持ち直す。※4～5段めは、3段めと逆の方向に編み進むので注意する。

2 棒針でリング編みを編む。最初に左手の人さし指に糸をゆるめに3回巻く。※糸を巻く回数は作品に合わせる。

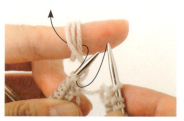

3 右の針で1目めと指にかけた糸輪を矢印のように拾う。

4 そのまま、指にかけた糸輪を手前に引き出す。

5 1つめのフリンジができたところ。針にかかった目はしっかり指で押さえておく。※糸を引くとリングがほどけてしまうので、目が崩れないように編んだ目を押さえておくことが大事。

6 配色糸を糸輪にし、2～5と同様に編む。

7 2つめのフリンジができたところ。

8 次のリング編みを編む時は配色糸の下から地糸を引き上げて編む（配色糸を編む時も、地糸の下から引き上げて編む）。

9 編み進める時は、針にかかった目と、できあがったフリンジを崩さないように指で押さえながら編む。

10 最後までリング編みを編む。4段めが編めたところ。裏面（6段めからこの面が表になる）から見たところ。

10を表面から見たところ。

フリンジがくずれないように押さえる

11 5段めは配色糸を休ませ、地糸で裏目を編む。この時も針にかかった目と、できあがったフリンジを崩さないように指で押さえながら編む。

12 最後まで裏目を編む。

13 5段めが編めたところ。リング編みのフリンジの編みあがり。

14 編み始めの表面が表になるように編み地を持ち直す。フリンジを軽く引いて形を整える。※5段めを編んでいるので、フリンジ自体は崩れにくくなっているが、強く引きすぎないように注意する。

15 表目で続きの段を編んでいく。
※1段めはややすき間が空くが、2段め以降で間隔が整っていく。

Column 3
変わらないものを伝える難しさ

ラトビアでは学校の授業で編み物を教わります。そのため、若い世代でも編み物経験のない人は少ないのですが、伝統柄のミトンをきちんと編める人の数は減ってきているそうです。

「手仕事というのは、作る人がいなくなったら消えていってしまうもの。だからこそ、ラトビアの宝であるミトンを新しい世代へきちんと引き継いでいかなくては」。そう話すのは毛糸とハンドニットの店「ホビーウール」のオーナー、イエヴァ・オゾリナ (Ieva Ozolina) さん。リガの手芸店の中でも伝統的な編み物を提案するショップとして一線を画し、ニッター間でも高い評価を得ています。

正しいミトンのデザインを伝えるには、きちんとした知識が必要。イエヴァさんは博物館の所蔵物や文献をひもとき、それをもとに現代の素材で再現できるように考えました。ポイントは「編めること」。実際に編むことでその柄の持つ意味や機能面の良さに興味が向き、なにより編む楽しさに気づいてもらえるのだそう。例えば、寒い地方で色数の多いミトンが好まれたのは、裏に渡る糸が増えて保温性が増したからという説明も、実際のミトンの裏を見れば一目瞭然。これは写真や博物館の展示物をガラス越しに見るだけではわからないことです。

日々、変化する時代の中では、新しい物を提案するより、変わらないものを変わらずに伝えていくことの方が大変なのかもしれません。多くは親子の間で引き継がれてきた伝統の編み物ですが、ここには新たな伝承のスタイルがありました。

モノトーンのミトンは甘さを控えたシャープさが人気。

イエヴァさんが作った伝統柄のミトンのキット。地方ごとや模様別に用意されています。P.34～73の作品の一部はここからセレクトしたもの。

ゼムガレ地方のミトンをはめたイエヴァさん。デザイナーでもあり、伝統柄の編み物以外にも、現代的なニットアイテムをいろいろ提案してます。

ニットでカバーリングされた2013年頃ホビーウール外観。

Chapter 3

ラトビア中のクラフトが一堂に会する
森の中の民芸市

緑輝く初夏のラトビア。
リガ郊外にあるラトビア民族野外博物館では、
6月の初めに盛大な民芸市が開催されます。
期間は土日の2日間。年に一度のお祭りで、
会場はラトビア全土から集まった
掘り出し物で埋め尽くされます。
さぁ、広い森の市を目指して
一緒に素敵な旅の思い出を探しに出かけましょう。

Folk art market
in the woods

左上／ミトンはマストアイテム。会場のブースは地方ごとに分かれていますが、それぞれに必ずミトンがありました。右上／かぎ針編みの花飾りも、照れくさそうな笑顔もキュート。左下／リンバジュ ティーネ(P.32)も出店。毛糸や織物が並んでいます。右下／ヴィゼメ地方の農場「Ezermale」が出品していた草木染めのウール糸。

　森、古民家、雑貨、民族衣装、歌と踊り。ラトビアの民芸市の魅力は、何といってもこのシチュエーション。どれが欠けても、これほど盛り上がりはないように思います。伝統と意識するとついつい編み物に目がいってしまいますが、会場に並ぶクラフトは、織物、かご、陶器、革工芸、琥珀のアクセサリー、木製雑貨と実に豊富。ブースによっても仕上がりに差があるので、よく吟味しながら歩いてくださ い。でも、物との出会いは一期一会。戻ってきたら売れていた…なんてこともあるので、ご注意を。ちょっと余計な物を買っちゃったなと後悔するくらいがちょうど良いのかもしれません。
　細かな手仕事に感嘆したらちょっとだけ微笑んでくれたおばあさん、店じまいの最中にあっさりおまけしてくれたおじいさん、みんなに心から"パルディエス(Paldies／ありがとう)"。

　ラトビアのお祭りに歌と踊りは欠かせません。民芸市でも特別にあしらえた舞台で、日頃の練習の成果が披露されます。みんなで踊るのはフォークダンス。でも、フォークダンスと聞いて侮ることなかれ。とてもハードなステップで、その運動量はかなりのものです。

　しかも、その足元を色どるのが伝統柄の靴下。子どもたちがパスタラス（pastalas）と呼ばれる革の靴と合わせて履いていました。折り返し部分が編み込み模様になっていて、大人の男性用にはアンクルバンドだけの物もあるそうです。大人の女性の中には、白いレース編みのハイソックスを履いた人も。あとで民芸市のブースで見かけましたが、それらは透かしを入れた棒針編みでした。

スカートがきれいな円形に広がるように回るのが女性のステップの見せどころ。そして、この女性たちが履いているのが透かし模様のハイソックスです。

右上／ダンス会場へ向かう途中で見つけた小屋。明るい黄色が森の緑に映えます。左上／高校生のダンスチーム。歌の内容がダンスの構成でわかるようになっていて、陽気な恋の歌などは見ているだけで楽しい気分に。左中央／既婚女性は頭巾が正装。右下／順番待ちをする子どもたち。

かごはふたつきやトレイ形など用途に合わせて選べます。お天気が良かったので、
店番のおばさんの手にはアイスクリームが。

GADATIRGUS

　民芸市に参加しているのは街のショップやメーカーばかりではなく、職人の夫婦や家族、腕に覚えがある友人同士などのブースもあります。毎年参加している人は、ディスプレイも堂に入ったもので、木々の緑を背景にして飾られた美しい配色の織物や丘一面に並ぶかごたちは、強く印象に残る光景です。織り機や糸紡ぎの実演を子どもたちが行っているのを見ると、少しずつ世代交代しているのかなと考えたりもします。次の年も、また次の年もここを訪れることで見えてくる事があるのかもしれません。

　ちなみに食事はケータリングの料理やバーベキューなどのスタンドが出ているので、誰もがピクニック気分で味わえます。ライ麦とライ麦パンを発酵させて作るクヴァス（Kvass）という飲み物も名物だそう。2日めは搬出があるためか、全体的に民族衣装を着た人は少ないようです。

上／リネンのブラウスもお手頃。左中央／羊毛フェルトの花のディスプレイ。右中央／文様を折り込んだベルト。民族衣装のウエストに巻いたりして使います。左下／かぎ針編みのクッションやブランケットも。簡単なスクエアモチーフなのに、どれもグッとくる色合わせ。右下／店番をするおばあさん。飾られていたレース編みの三角ショールが見事。

左上／琥珀のアクセサリーを売るご夫婦。素材の形を生かした可愛らしい天使の細工がありました。右上／丘にずらりと並ぶのは、カゴメーカー、ピヌム・パサウレの品。柳の小枝を組む、かご作りの実演を見ることができます。左中央／花束をブースのディスプレイに。左下／毛糸で編んだ馬のオブジェ。右下／アイシングされたクッキーはお土産用に人気。

LATVIJAS ETNOGRAFISKĀIS BRĪVDABAS MUZEJS
ラトビア民族野外博物館
(P.148)

民芸市のスーベニール
Souvenir of folk art market

魅力的なハンドクラフトの中から、お土産としてセレクトした品々です。ラトビアでしか出会えないとっておきの逸品を紹介します。

▼▼

天然素材の代表・ラトビアリネンの小物入れ。刺繍がポイント。

子供用のミトン。バラ柄の配置と手首をリブ編みにして現代風に。

靴下のミニオーナメント。全長約3cmなのに編み込みが。

編み地にクロスステッチの刺繍を施したクッション。

底が板になっているので、安定性がよく丈夫。ころんとした形もかわいい。

バターナイフとスプーン。木の種類によって、香りが違います。

編み込み柄の靴下。履き口は斜めに編んで格子模様の配色に。

パスタラスを小さくアレンジしたオーナメント。
アクセサリーにしても。

蜜蝋キャンドルは持つと少しべたつく感じ。
マーガレットに蜂がとまったデザイン。

持ち手の付け根に注目。この菱形の
組み方がラトビアのカゴの特徴です。

フェルトのベビーシューズには刺繍の花をちりばめて。

クルゼメ地方の糸メーカーの毛糸。
鮮やかながらも配色する時に組み合わせやすい深みのある色。

何度みても味わい深いあみぐるみ。
二つとない個性的な表情が◎。

魚はスパンコールでキラキラに。
小さくても存在感抜群。

91

Chapter 4
受け継がれる伝統ミトン

ラトビアには伝統工芸を今に受け継ぐ
TLMS（Tautas lietišķās mākslas studija）
という手工芸サークルがあります。
その活動は編み物、織物、木工など、
それぞれのジャンルに分かれ、
古くから伝わる手工芸を研究・伝承する一方で、
新たなるデザインの探求にも力を注いでいます。
本章では、そんなTLMSを通して出合った
繊細なラトビアンミトンたちを中心に紹介。
現代の装いにも合わせやすい
デザインを集めました。

※細やかな模様を編むため、棒針は0号より細い、
太さ1.5mm前後の針を使っている作品もあります。
編む時はそれぞれのミトンに合った針と糸を使用の
上、ゲージを確認しながら編み進めてください。

せせらぎのミトン
川の文様・ウピーテスを縦に配置したミトン（左
右対象に配置した朱色の流線模様）。手首は朱色
をアクセントに、2色のライン（P.75）とクロスを
編み込んでいます。
Design & Knitting Skaidrīte Pūte

青い星のミトン

いろいろな文様を組み合わせて星を表現したミトン。最初に手首をガーター編みで輪に編んでから、本体を編み出します。縁飾りはかぎ針編み。様々な技巧を用いたデザインです。
Design & Knitting Sandra Lismane

太陽のミトン

繊細で優美な太陽の文様を使ったミトン。メリハリのある白とブルーの配色で仕上げました。手首に入れた幅広のボーダー柄は、ラトガレ地方の編み込み模様です。
Design & Knitting Skaidrīte Pūte

アウセクリスのミトン

明けの明星・アウセクリスを配置したミトン。手首のスカラップ風の模様編みは、2目一度とかけ目で作ります。縁に刺しゅうでグレーのラインを入れています。

Design & Knitting
Sandra Lismane

サウレの花ミトン

太陽の丸い文様・サウレを花に見立てたミトン。サウレの四方に広がる光は生命のエネルギーを示すといわれています。編み始めにピコットの縁飾り(P.39〜40)を使っています。

Design & Knitting
Sandra Lismane

赤い花のミトン

クルゼメ地方南部・ニーツァの花
の伝統模様を編み込んだミトン。
親指にも1輪の小花が入るように
デザインされています。
Design & Knitting Tīnes

How to make　せせらぎのミトン

糸
合細ストレートヤーン(2本撚り)
生成り43g、朱36g
※糸量は目安です。使用する糸によって同じグラム数でも長さが違うので注意してください。

針　棒針(短5本針)1号

ゲージ
編み込み模様A　32.5目×44.5段(10cm平方)
編み込み模様B　32.5目×38.5段(10cm平方)

できあがりサイズ
手のひら回り21cm、丈27.5cm

編み方
※記号図は甲側と手のひら側の模様が同じなので、片面のみの表記にしています。実際に編む時は、本体の記号図をもう一回くり返して編んでください。その際、右手と左手の親指の位置が違うので、製図で位置を確認してから編み進めてください。

▶3本の糸で作る作り目(P.74)で68目作り目して、編み込み模様Aを20段編む。

▶続けて、本体の編み込み模様Bを親指の位置に別糸を編みながら増減なく73段編む。指先は減目しながら16段編む。

▶親指の位置の別糸をほどいて、上下の目を34目輪に拾い(P.43の親指を編む参照)、親指の編み込み模様を27段編む。

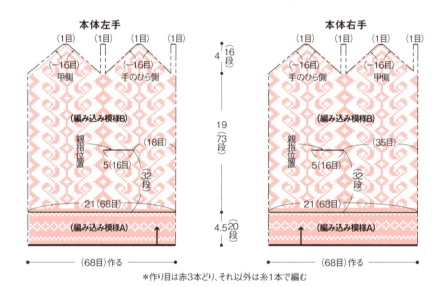

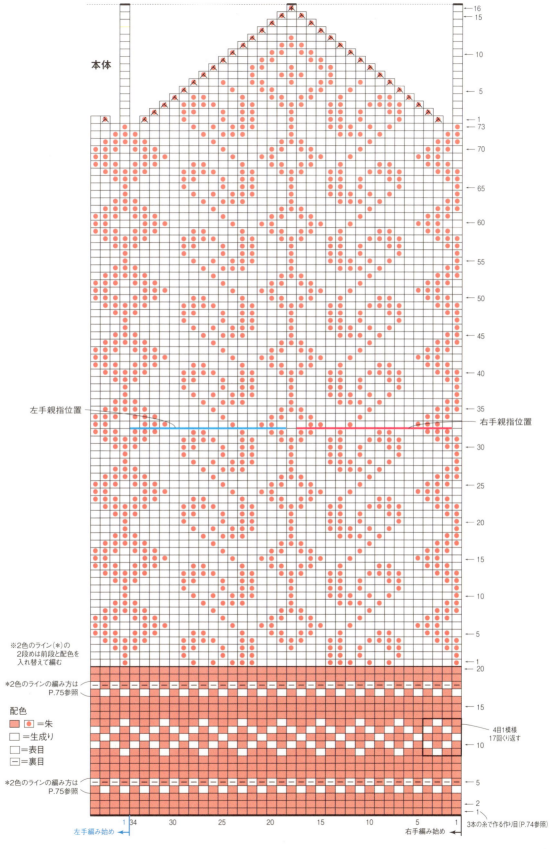

How to make　青い星のミトン

糸
合細ストレートヤーン（2本撚り）
白29g、青系グラデーション26g、紺14g
※糸量は目安です。使用する糸によって同じグラム数でも長さが違うので注意してください。

針　棒針（短5本針）太さ1.5mm、レース針2号

ゲージ
編み込み模様A　40目×64段（10cm平方）
編み込み模様B　46目×48段（10cm平方）

できあがりサイズ
手のひら回り21cm、丈28.5cm

編み方
※記号図は甲側と手のひら側の模様が同じなので、片面のみの表記にしています。実際に編む時は、本体の記号図をもう一回くり返して編んでください。その際、右手と左手の親指の位置が違うので、製図で位置を確認してから編み進めてください。

▶手首は別鎖の作り目で26目作り目して、縦に糸を渡す編み込みで編み込み模様Aを128段編み、編み始めの目とメリヤスはぎで輪にする。

▶続けて、手首の段の部分（本体側）から96目拾い目（4段から3目）をする。編み込み模様Bを親指の位置に別糸を編みながら増減なく77段編む。指先は減目しながら23段編む。

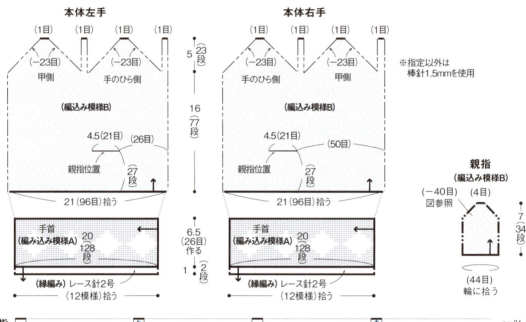

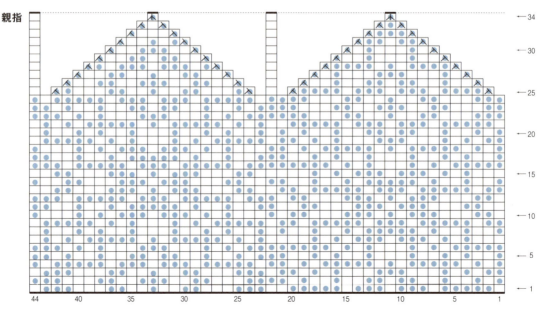

- 親指の位置の別糸をほどいて、上下の目を44目輪に拾い（P.43の親指を編む参照）、親指の編み込み模様を34段編む。
- 編み込み模様Aの段の部分（縁側）を拾って、レース針で縁編みを編む。

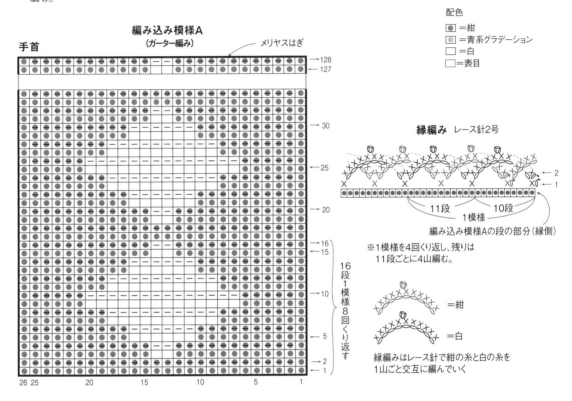

別糸で作る作り目

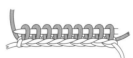

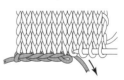

縦に糸を渡す編み込み

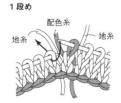
1段め

2段め（裏面）
配置を替えるときは糸を交差させる

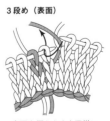
3段め（表面）
表面を編むときも同様に裏面で糸を交差させる

99

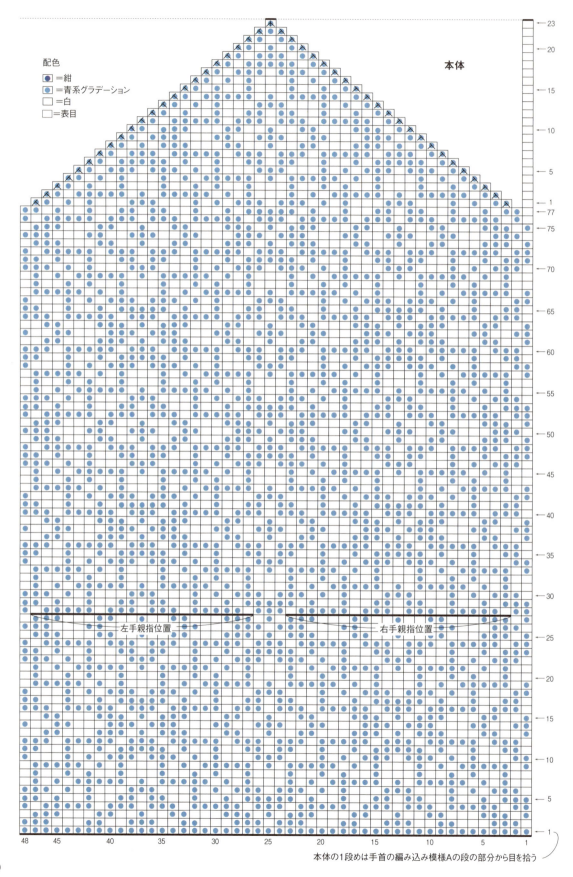

How to make 太陽のミトン

糸
合細ストレートヤーン（2本撚り）
白39g、ブルー28g、赤3g、黒3g
※糸量は目安です。使用する糸によって同じグラム数でも長さが違うので注意してください。

針 棒針（短5本針）太さ1.5mm

ゲージ
編み込み模様 48目×50段（10cm平方）

できあがりサイズ
手のひら回り20cm、丈27.5cm

編み方
※記号図は甲側と手のひら側の模様が同じなので、片面のみの表記にしています。実際に編む時は、本体の記号図をもう一回くり返して編んでください。その際、右手と左手の親指の位置が違うので、製図で位置を確認してから編み進めてください。

▶指でかける作り目で96目作り目して、模様編みを編み始める。10段編んだら編み地をダブル（2つ折り）にして、作り目のループを拾い目しながら、11段めを編む（P.39〜40のピコットの縁飾りを作る参照）。

▶続けて、本体の編み込み模様を親指の位置に別糸を編みながら増減なく110段編む。指先は減目しながら23段編む。

▶親指の位置の別糸をほどいて、上下の目を42目輪に拾い（P.43の親指を編む参照）、親指の編み込み模様を38段編む。

本体左手

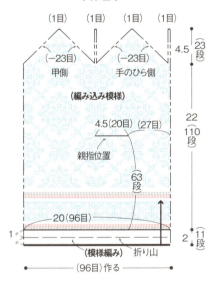

本体右手

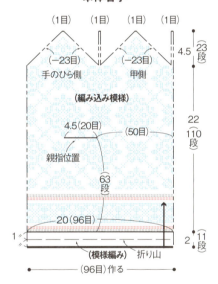

How to make　太陽のミトン

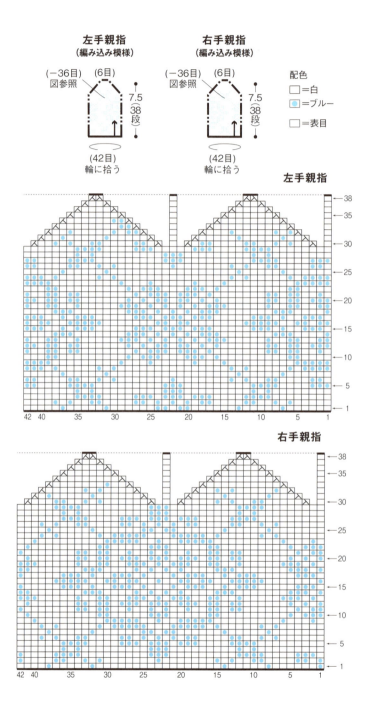

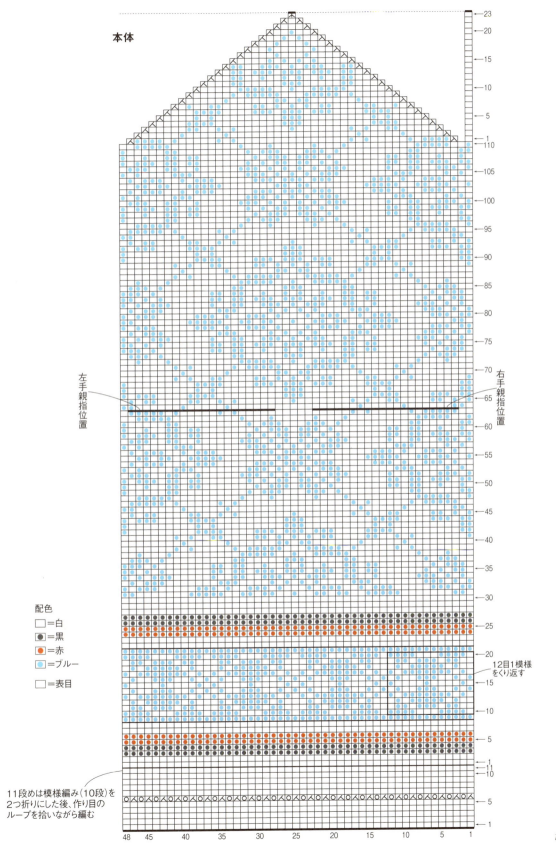

How to make　アウセクリスのミトン

糸
合細ストレートヤーン(2本撚り)
紫29g、淡グレー27g 、灰味青7g、濃紺7g、灰味水色5g
※糸量は目安です。使用する糸によって同じグラム数でも長さが違うので注意してください。

針　棒針(短5本針)0号

ゲージ
編み込み模様 39目×52段(10cm平方)
模様編み縞 32目×34.5段(10cm平方)

できあがりサイズ
手のひら回り20cm、丈26mm

編み方
※記号図は甲側と手のひら側の模様が同じなので、片面のみの表記にしています。実際に編む時は、本体の記号図をもう一回くり返して編んでください。その際、右手と左手の親指の位置が違うので、製図で位置を確認してから編み進めてください。

▶指でかける作り目で64目作り目して、増減なく模様編み縞を23段目まで編む。24段目で78目に増し目をし、26段目まで編む。

▶続けて、本体の編み込み模様を親指の位置に別糸を編みながら増減なく75段編む。指先は1目増し目をした後、減目しながら18段編む。

▶親指の位置の別糸をほどいて、上下の目を32目輪に拾い(P.43の親指を編む参照)、親指の編み込み模様を23段編む。

▶1段め(作り目)と2段めの境に淡グレーの糸でアウトライン・ステッチのように(2目すくって1目戻る)刺しゅうする。

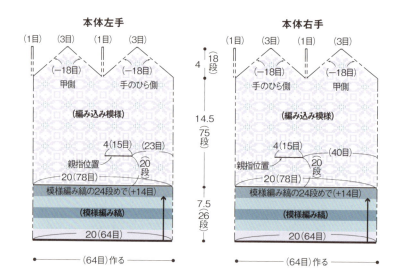

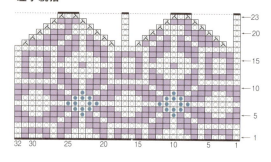

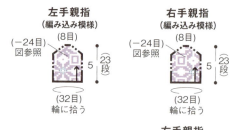

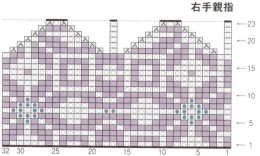

配色
■=紫
●=濃紺
●=淡グレー
□=表目

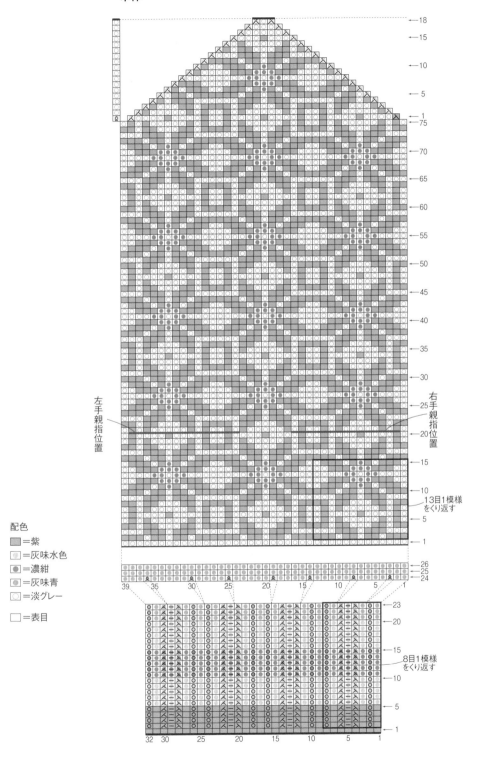

How to make　サウレの花ミトン

糸
合細ストレートヤーン（2本撚り）
淡グレー43g、赤紫39g、黄緑7g
※糸量は目安です。使用する糸によって同じグラム数でも長さが違うので注意してください。

針　棒針（短5本針）0号

ゲージ
編み込み模様 35.5目×42.5段（10cm平方）

できあがりサイズ
手のひら回り22cm、丈28cm

編み方

▶指でかける作り目で78目作り目して、メリヤス編みを4段編む。配色を替えて5段めを編み、続けてメリヤス編みを3段編む。編み地をダブル（2つ折り）にして作り目のループを拾い目しながら、9段めを編む（P.39〜40のピコットの縁飾りを作る参照）。

▶続けて、本体の編み込み模様を親指の位置に別糸を編みながら増減なく96段編む。指先は減目しながら18段編む。

▶親指の位置の別糸をほどいて、上下の目を32目輪に拾い（P.43の親指を編む参照）、親指の編み込み模様を25段編む。

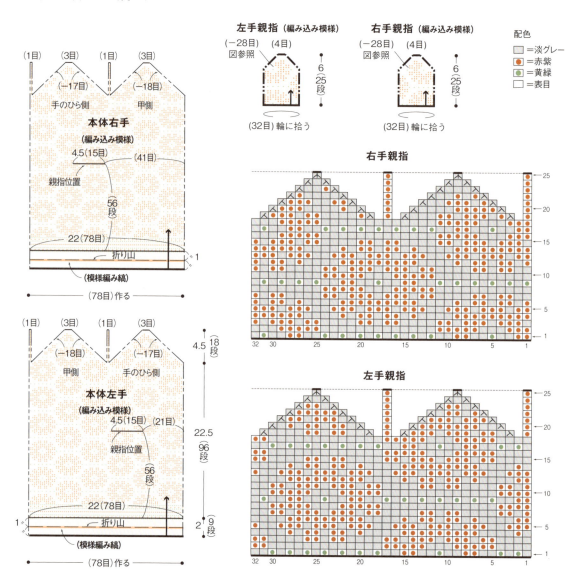

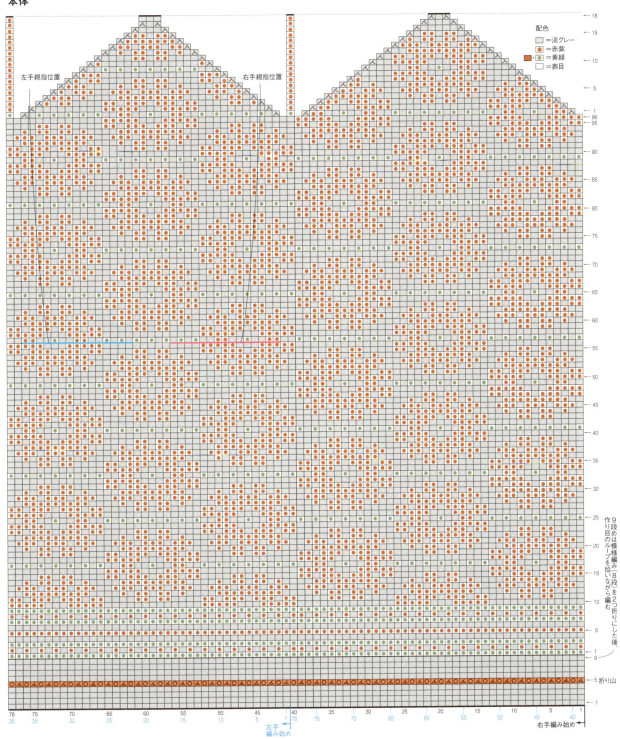

How to make　赤い花のミトン

糸
合細ストレートヤーン（2本撚り）
グレー39g、赤35g、生成り17g
※糸量は目安です。使用する糸によって同じグラム数でも長さが違うので注意してください。

針　棒針（短5本針）2号

ゲージ
編み込み模様36.5目×46段（10cm平方）

できあがりサイズ
手のひら回り22cm、丈26cm

編み方

▶ 指でかける作り目で68目作り目して、増減なく模様編みを9段編む。

▶ 続けて、本体の編み込み模様を2段めで12目増し目して編み、親指の位置に別糸を編みながら92段めまで増減なく編む。指先は減目しながら18段編む。

▶ 親指の位置の別糸をほどいて、上下の目を34目輪に拾い（P.43の親指を編む参照）、親指の編み込み模様を28段編む。

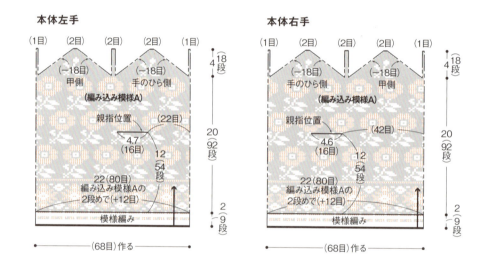

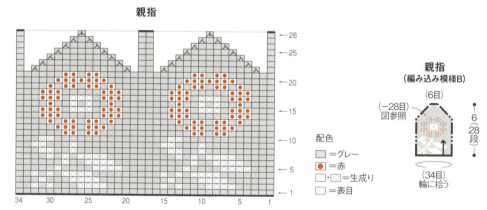

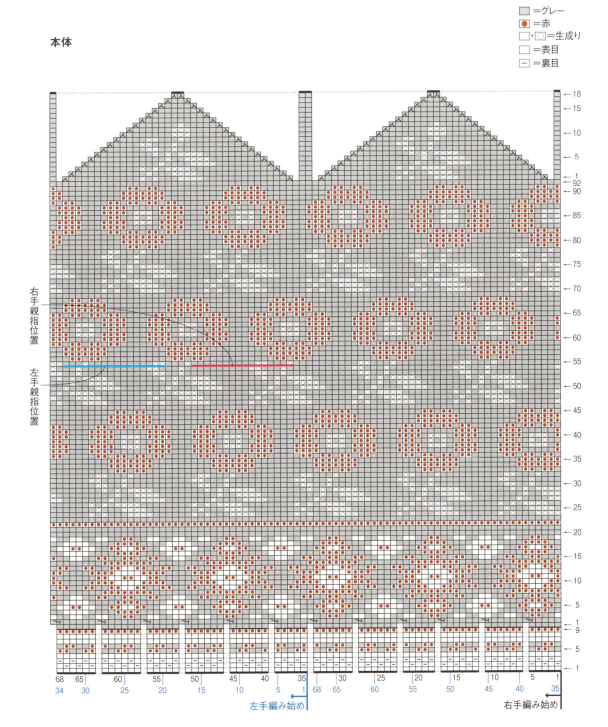

Chapter 5
Visiting creators
作り手を訪ねて

作る楽しみから、創る楽しみへ。
けっして特別なことではなく、
それぞれの暮らしの一部として
静かにミトンを編み続ける人達がいます。
そんな手仕事からは、胸の中に響いてくる
たくさんのメッセージがあるように感じます。

サンドラ・リスマネさん
Sandra Lismane

伝統的な文様を組み合わせてオリジナルのデザインを作ることもあります。すべてサンドラさん製作。

P.12と同じ柄のミトンですが、2重になっていて、内側にも編み込みが。

リガにあるTLMS(ラトビアの手工芸サークル)・ヴァルヅィンシュ(Valdziņš)で代表として活動するサンドラさん。かつて新市街のベルガ・バザール(Berga Bazār)で開催されていたファーマーズ・マーケットで出会った繊細な伝統柄のミトンの作り手です。

リガ旧市街からピルセータス運河を越えて向かったのは、サンドラさんの住む新市街のマンション。ラトビアのチョコレート・ブランド「ライマ」の工場が近くにあり、甘い香りがあたりをふんわり包んでいます。

110

左上／初めて手袋を編んだのは18歳の時。5本指のグローブでした。中上／伝統柄のミトンを編み始めたのは30歳になってから。右上／方眼用紙を使って柄の組み合わせを考えます。左下／サンドラさんの宝物。1950〜60年代にかけて発行されたパターン集。中下／伝統柄のソックスも製作。

　幼稚園に勤めるサンドラさんは、ご主人と娘さんとの3人暮らし。今はラトビアの伝統柄を楽しむリガのTLMSに参加していて、休日を中心に古いミトンをいろいろ復刻している最中だとか。「トラディショナルな編み込み模様は、難しくて時間がかかるけれど、チャレンジの連続でとても面白く感じます。昔の模様なのに編むとどれも新鮮で、私にはそれが意外な発見でした」。

　小さい頃は、編み物上手な祖母が小物をよく編んでくれたそうですが、14人も孫がいたため、配色はいたってシンプルなものばかり。だからこそ、色鮮やかな伝統柄は憧れに。サンドラさん自身も10歳くらいから編み針を手にし、結婚前は自宅で飼っていた羊の原毛を紡績工場へ持ち込み、毛糸と交換してもらったこともあったそう。「地方によっては、白、茶、グレーといった、手紡ぎ本来の配色で編む柄もあります。ミトンのパターンには何百という色の組み合わせがあって、その豊富さがラトビアのミトンの魅力でもあると思います」。

　現在、愛娘の一番の興味はフルートを習うこと。サンドラさんも「編み物を教えるのは娘が何か作りたいと思うようになった時でいい」と笑います。今は自分が夢中になれるものを見つけることの方が大切だから。サンドラさんにとっては、それがきっと編み物だったのでしょう。そして「娘が結婚する時はペアレンツギフト（両親からの贈り物）として、私が編んだミトンを持たせてあげたい」と優しい瞳を見せました。伝統はけっして特別なものではなく、こんなふうに日常の中でさりげなく伝えられていくことで、根付くものなのかもしれません。

サンドラ・リスマネさん。日当たりのよいリビングがアトリエになることも。

ミニミトン

伝統的なモチーフを甲に編み込んだ丈が5cmほどのミトンです。この小さな編み地をサンドラさんは長さ20cmの棒針を使って編んだそう。3本の糸を使った作り目(P.74)にも注目してください。

How to make　ミニミトン　Design & Knitting Sandra Lismane

糸
<赤>
合細ストレートヤーン(2本撚り)
赤8g、白2g
<青>
合細ストレートヤーン(2本撚り)
青9g、白1g
※糸量は目安です。使用する糸によって同じ
　グラム数でも長さが違うので注意してください。

針　棒針(短5本針)2号
ゲージ
編み込み模様40目×47段(10cm平方)
できあがりサイズ
ともに手のひら回り5cm、丈5cm(ひも含まず)

編み方ポイント
<赤>
▶3本の糸で作る作り目(P.74)で20目作り目をして、5〜6段で2色のライン(P.75)を編む。
▶続けて、本体の編み込み模様を親指の位置に別糸を編みながら増減なく15段編む。指先は減目しながら3段編む。
▶親指の位置の別糸をほどいて、上下の目を10目輪に拾い(P.43の親指を編む参照、ただし編む時はP.44の図を参照するが下段両端の渡り糸は拾わずに編む)、親指の編み込み模様を9段編む。
▶三つ編みのひもをとじつける。

<青>
▶指でかける作り目で20目作り目して、模様編みを編み始める。6段めまで編んだら模様編みをダブル(2つ折り)にして作り目のループを拾い目しながら、7段めを編む。
▶続けて、本体の編み込み模様を親指の位置に別糸を編みながら増減なく18段編む。指先は減目しながら3段編む。
▶親指とひもは赤のミトンと同様に仕上げる。

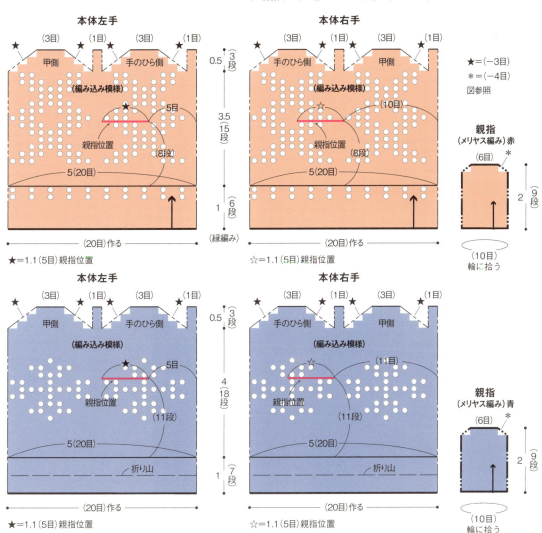

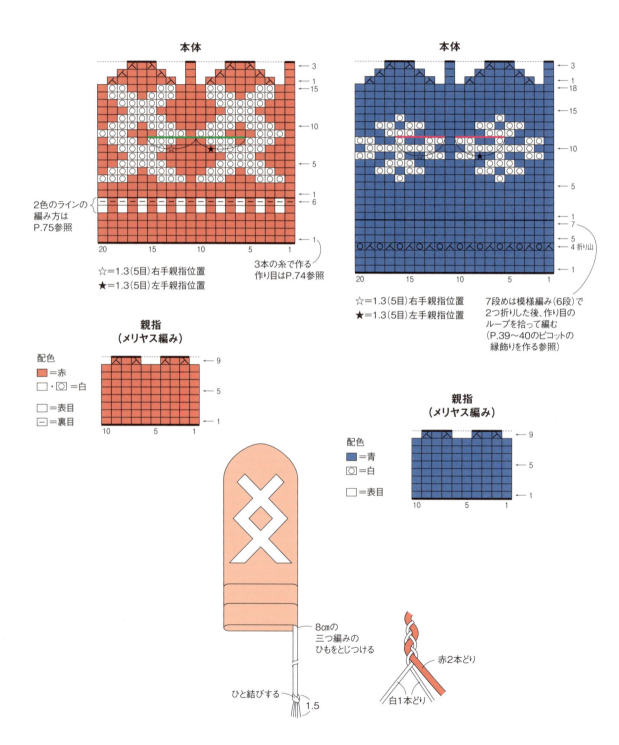

Living with the handicrafts of the good old days.

上／博物館に移築されたクルゼメ地方、ルツァヴァの家屋。プズリと呼ばれる藁細工のモビールや縁編みのかわいいクロスなど、手作りに満ちたリビングが再現されています。中／見上げるとドライフラワーがずらり。下／夜は細い木片を燃やして時を刻み、その明かりの脇で糸紡ぎ。

ラトビア民族野外博物館にて

Visiting creators

スカイドリーテ・バウゼさん
Skaidrīte Bauze

真っ白なブラウスにブルーのスカートを小粋に着こなす淑女、スカイドリーテさん。コレクションしているミトンの数は180点以上という編み物の名手です。ゼムガレ地方・レイニエキのお宅では編み方のポイントも教えてくれました。

スカイドリーテさんとご主人。ご自慢の庭先にて。

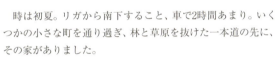

左上／ご自身で染めた毛糸。染色には庭で採れたハーブやベリー類を使うことが多いそう。中央上／星の模様を配した自慢のミトン。左下／季節の草花で彩られた裏庭の小径。ナチュラルガーデニングのお手本です。中央下／レクチャーの後、手作りのケーキや小さなパンとハーブティーでひと息。右下／編み物をするスカイドリーテさん。この時の配色は3色で、針の持ち方はレフトハンド。地色を左指にかけ、1色を休めて、1色を右に置いていました。

　時は初夏。リガから南下すること、車で2時間あまり。いくつかの小さな町を通り過ぎ、林と草原を抜けた一本道の先に、その家がありました。
　ラブディエン（Labdien／こんにちは）。出迎えてくれたのは、編み物の名手と評判の高いスカイドリーテさん。幼い頃から靴下やマフラーなどを編み始め、2000年には国が認めるナショナルアートマスターの資格を取得したほどの腕前を持つ女性です。
　母屋の裏に広がる美しい庭に案内されると、テラスの前に突如100を超えるミトンを飾ったツリーが現れました。これまでの作品は通年、こうして飾っているのだというスカイドリーテさん。それは色鮮やかなミトンだけではなく、ハーブ染めした糸で編んだやわらかな配色の作品などもある、彼女らしいセレクトの見事なアートになっています。国の資格を取得してからはこのコレクションを見学に来る人が増え、ミトンの編み方を教える機会も増えたそう。
　庭を散策した後、テラスの小部屋で編み方のレクチャーをお願いしました。「金属製の棒針は糸が滑りやすいから、私は表面がコーティングされたタイプを使っているの」と愛用の5本針を取り出すと、よどみなく針を動かします。その速さに思わず「細かな伝統柄を編むのは難しくないですか」と聞けば、さらりと一言。「300組も編めば難しくなくなるわ」。彼女の手が覚えている技術の確かさに、ただ目をみはるばかりです。

緑の庭はご主人のハラルツ（Haralds）さんが丹精込めて整備したもの。スカイドリーテさんも「夏はガーデニング、冬は編み物」と時間の使い方が変わるそう。

Visiting creators
Skaidrīte Bauze

「編み込み模様は大変そうに見えるけれど、基本の編み目は表目だけだから、慣れてしまえば簡単なのよ」。スカイドリーテさんの手さばきを見ていると、うっかり納得してしまいそうになりますが、それは熟練のなせる技。それと、模様は規則的にくり返していくから、きちんと目数を数えながら編むことが大切なのだと。つまり、どの目を何色で編むかを間違えなければ模様ができるというわけです。実に明快なのですが、「細かい作業ですね」と感心していると、「根気があるのは、ラトビア人の気質かもしれないわね」とにこり。他国に支配されてきた複雑な歴史を持つラトビア。彼女の穏やかな笑顔の奥に、凛とした強さが見えました。

30年前にご主人に編んだミトンは、今もリペアしながら使い続けているそう。ウールの編み地は洗うほど毛糸の繊維が絡んで温かさが増すのだといいます。「ラトビアのミトンを編む楽しさは、仕上がった時の達成感にあるかもしれません。伝統柄を自分なりに組み合わせて、イマジネーションを形にしてもいい。そして、完成したミトンは是非使ってみてくださいね」。

最近は若い人がファッションの一つとしてミトンをコーディネートに加えることも。昔のように婚礼時に多くのミトンを持参することはありませんが、スカイドリーテさんも時々、新婚さんへのお祝いとしてプレゼントすることがあるそうです。

今は娘夫婦とお孫さんに囲まれ、ご主人がテレビを見る横で編み物をする。ここにはそんな穏やかな時間が流れていました。

左上／自由に庭を散歩する猫。中央上／今も活躍しているご主人のミトン。手首はゴム編みになっています。右上／庭には養蜂箱も。自家製の蜂蜜はハーブティーや料理などに。右下／ご主人が作ったコウノトリのオブジェ。ラトビアでは春を告げるコウノトリを幸せのシンボルとして大切にしています。

スカイドリーテさんのミトンコレクション。飾ってあるのはその一部だそう。人形がはめている手袋と靴下にもテントウ虫が編み込まれています。

モヘアで編むミトン

細いウール糸が手に入りづらい場合は、
似た太さのモヘアの糸でも編むことができます。
仕上がりはふんわり柔らか。
フリルの作り目(P.123)は
スカイドリーテさんに教わりました。

スカイドリーテさんの手ほどき

フリルの作り目

棒針2本とかぎ針を使ってフリルを作りながら、
作り目をする方法です。
全体の目数はフリルとフリルの間の
巻き目の数で調整します。

1 棒針2本とそれと同じ太さのかぎ針を合わせて持つ。糸端を約15cm残して1目めの輪を作り、3本の針にかける。

2 巻き目を作って3本の針にかけていく。

3 巻き目を6目作ったところ。針には7目かかっている。
※作品では1目めの輪に巻き目7目。

4 最後の巻き目にかぎ針をかけ、1目めまで引き抜く。

5 引き抜いたところ。

6 2本の棒針を目から抜きとり、かぎ針にかかっている目を棒針の1本に移す。続いて、巻き目の最後の目を拾って針にかける。

7 記号図の指定に合わせて、巻き目を必要な目数だけ棒針の1本に作る。

8 次のフリル位置にきたら、巻き目を7目(作品では8目)3本の針にかける。

9 2~6をくり返して2つめのフリルを作る。これをくり返す。

How to make　モヘアで編むミトン　Design & Knitting　Skaidrīte Bauze

糸
モヘアヤーン
赤 32g、黒 22g、白 1g
※糸量は目安です。使用する糸によって
　同じグラム数でも長さが違うので注意してください。

針　棒針（短5本針）2号

ゲージ
編み込み模様 33目×38段（10cm 平方）

できあがりサイズ
手のひら回り20cm、丈26.5cm

編み方

▶ 1段めはフリルの作り目（P.123／フリルを作るための巻き目は8目）で66目作り目する。2段めは1段めの裏を見て（往復編みで）表目を編む。3段めからは2段めと同じ編み方向で輪に編み進み、全部で模様編みを13段編む。

▶ 続けて、本体の編み込み模様を、親指の位置に別糸を編みながら増減なく72段まで編む。指先は減目しながら15段編む。

▶ 親指の位置の別糸をほどいて、上下の目を25目輪に拾い（P.43の親指を編む参照）、親指の編み込み模様を21段編む。

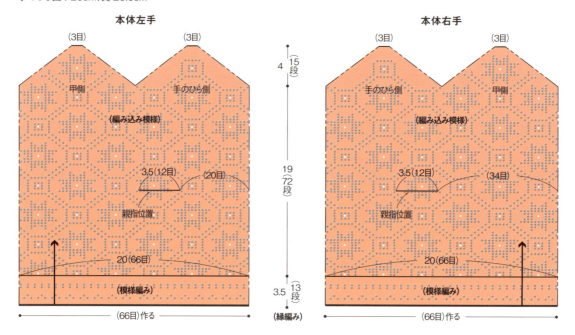

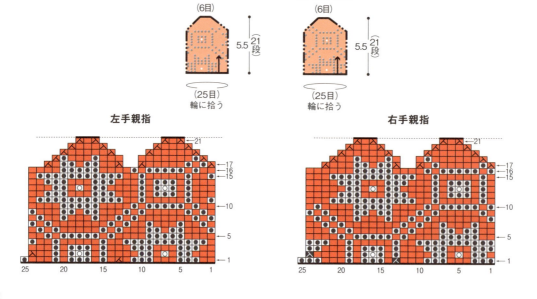

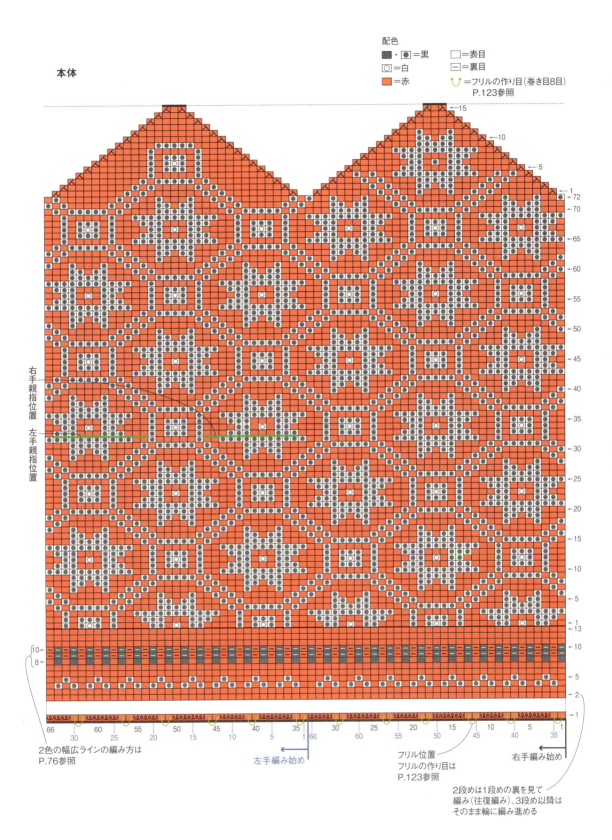

Chapter 6

Floral mittens... Latvia loves flowers

花を愛する国 ラトビアの花柄ミトン

A B C

厳しい冬が終わると、ラトビアの大地は野花で一斉に彩られます。そんなラトビアには花にまつわる風習がたくさん残っていて、お祝い事には奇数、弔事には偶数の花束を贈るというのもその一つ。夏至祭では女性が花の冠をかぶり、その冠を1年間、家で大事に飾った後、翌年の夏至祭に燃やすのだそう。

花の存在がとても身近にあるラトビアでは、愛らしい花柄のミトンもまた人気。いろいろなパターンがあり、編みごたえ十分です。

Design&Knitting Tīnes

How to make A

糸
合細ストレートヤーン（2本撚り）
生成り50g、緑10g、赤8g
※糸量は目安です。使用する糸によって同じグラム数でも長さが違うので注意してください。

針 棒針（短5本針）2号

ゲージ
編み込み模様32目×41段（10cm平方）

できあがりサイズ
手のひら回り20cm、丈26.5cm

編み方
※記号図は甲側と手のひら側の模様が同じなので、片面のみの表記にしています。実際に編む時は、本体の記号図をもう一回くり返して編んでください。その際、右手と左手の親指の位置が違うので、製図で位置を確認してから編み進めてください。

▶指でかける作り目で60目作り目して、すべり目で作るスカラップ（P.77参照）を8段編む。

▶続けて、本体の編み込み模様を、親指の位置に別糸を編みながら増減なく86段編む。指先は減目しながら14段編む。

▶親指の位置の別糸をほどいて、上下の目を26目輪に拾い（P.43の親指を編む参照）、親指の編み込み模様を27段編む。

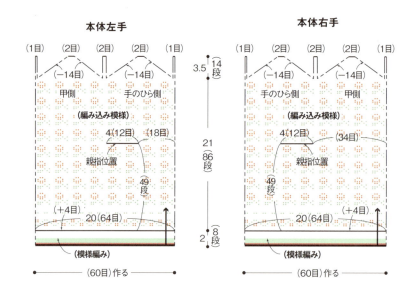

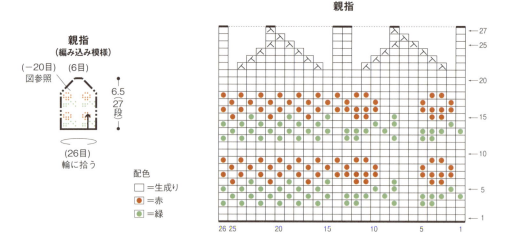

配色
□＝生成り
●＝赤
●＝緑

本体

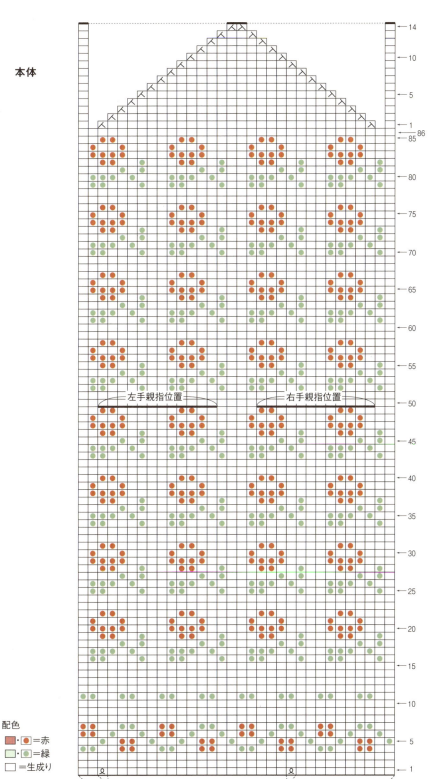
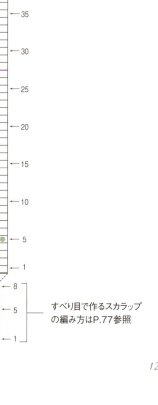

配色
- ■・●=赤
- ■・●=緑
- □=生成り

- □=表目
- −=裏目

すべり目で作るスカラップ
の編み方はP.77参照

How to make　B

糸
合細ストレートヤーン(2本撚り)
黒46g、緑14g、オレンジ12g
※糸量は目安です。使用する糸によって同じグラム数でも長さが違うので注意してください。

針　棒針(短5本針)2号

ゲージ
編み込み模様35目×40段(10cm平方)

できあがりサイズ
手のひら回り20cm、丈26.5cm

編み方
※記号図は甲側と手のひら側の模様が同じなので、片面のみの表記にしています。実際に編む時は、本体の記号図をもう一回くり返して編んでください。その際、右手と左手の親指の位置が違うので、製図で位置を確認してから編み進めてください。

▶指でかける作り目で70目作りして、模様編みを編み始める。14段めまで編んだら模様編みをダブル(2つ折り)にして作り目のループを拾い目しながら、15段めを編む(P.39～40のピコットの縁飾りを作る参照)。

▶続けて、本体の編み込み模様を、親指の位置に別糸を編みながら増減なく85段編む。指先は減目しながら16段編む。

▶親指の位置の別糸をほどいて、上下の目を32目輪に拾い(P.43の親指を編む参照)、親指の編み込み模様を28段編む。

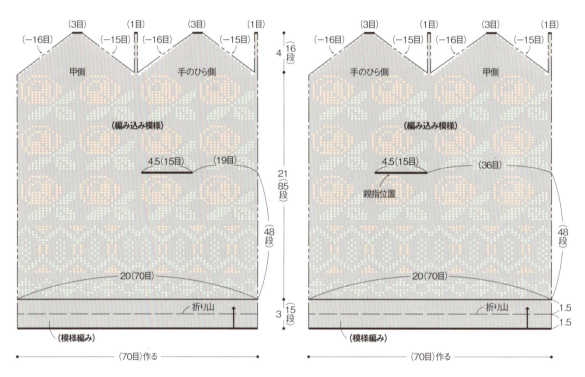

親指

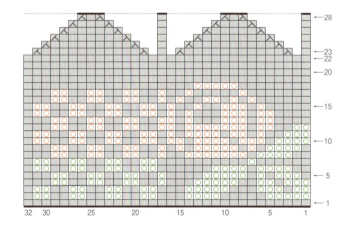

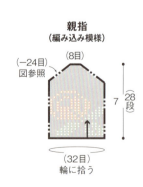

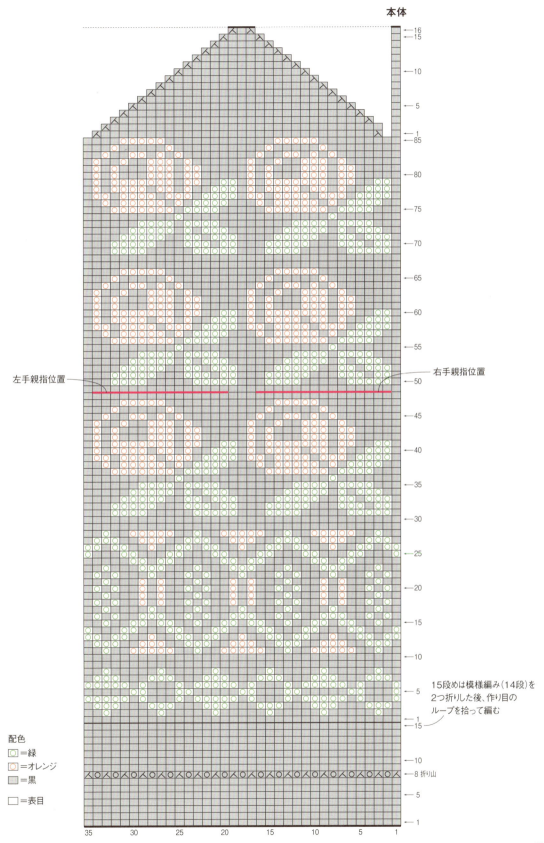

131

How to make C

糸
合細ストレートヤーン(2本撚り)
朱36g、ベージュ28g、白16g
※糸量は目安です。使用する糸によって同じグラム数でも長さが違うので注意してください。

針 棒針(短5本針)2号

ゲージ
編み込み模様34目×35段(10cm平方)

できあがりサイズ
手のひら回り21cm、丈26cm

編み方
※記号図は甲側と手のひら側の模様が同じなので、片面のみの表記にしています。実際に編む時は、本体の記号図をもう一回くり返して編んでください。その際、右手と左手の親指の位置が違うので、製図で位置を確認してから編み進めてください。

▶指でかける作り目で72目作り目し、編み込み模様Aを18段編む。

▶続けて、本体の編み込み模様Bを、親指の位置に別糸を編みながら増減なく63段編む。指先は減目しながら16段編む。

▶親指の位置の別糸をほどいて、上下の目を34目輪に拾い(P.43の親指を編む参照)、親指の編み込み模様を26段編む。

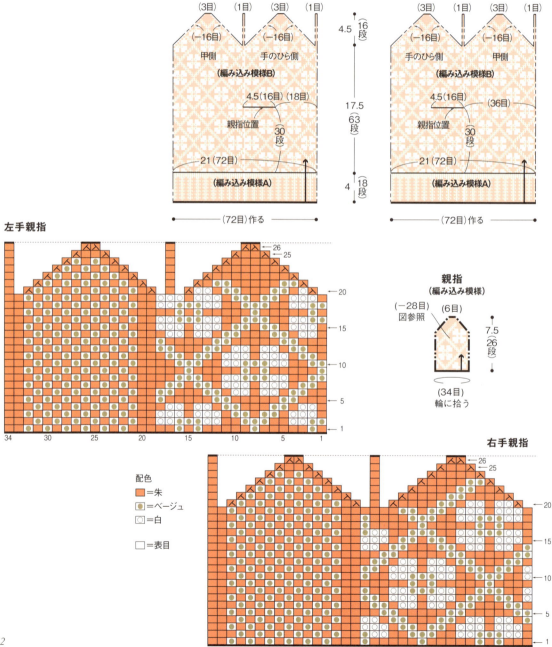

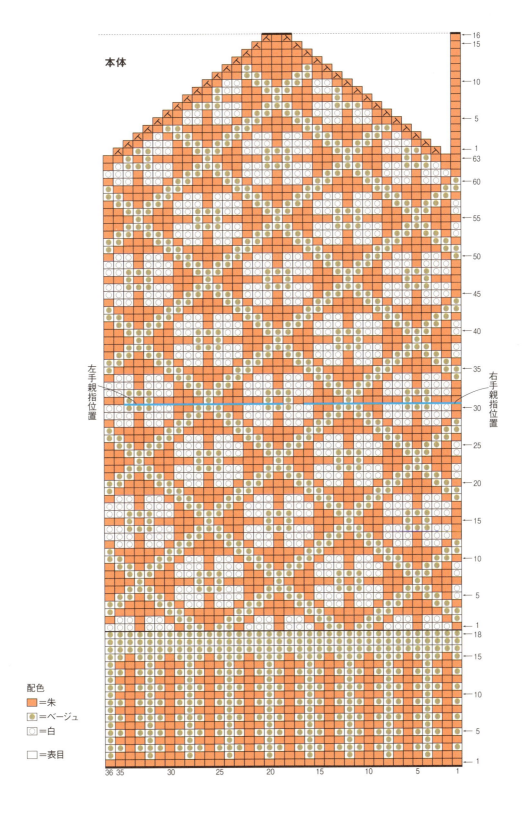

How to make　D

糸
合細ストレートヤーン(2本撚り)
淡グレー40g、紫26g、赤8g、緑8g
※糸量は目安です。使用する糸によって同じグラム数でも長さが違うので注意してください。

針　棒針(短5本針)2号

ゲージ
編み込み模様33目×41段(10cm平方)

できあがりサイズ
手のひら回り20cm、丈25.5cm

編み方
※記号図は甲側と手のひら側の模様が同じなので、片面のみの表記にしています。
実際に編む時は、本体の記号図をもう一回くり返して編んでください。その際、右手と左手の親指の位置が違うので、製図で位置を確認してから編み進めてください。

▶ 指でかける作り目で66目作り目して、ガーター編みを6段編む。
▶ 続けて、本体の編み込み模様を親指の位置に別糸を編みながら増減なく84段編む。指先は減目しながら14段編む。
▶ 親指の位置の別糸をほどいて、上下の目を32目輪に拾い(P.43の親指を編む参照)、親指の編み込み模様を26段編む。

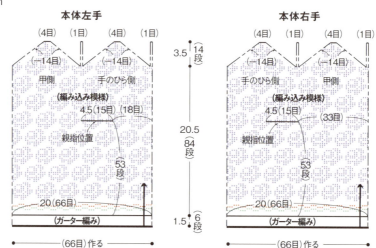

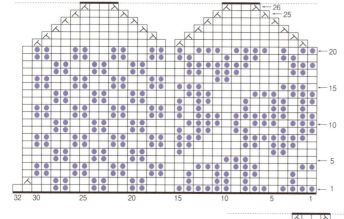

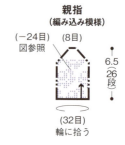

配色
□=淡グレー
●=紫
□=表目

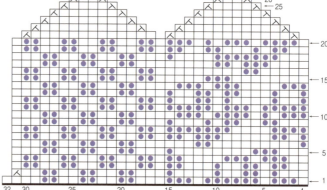

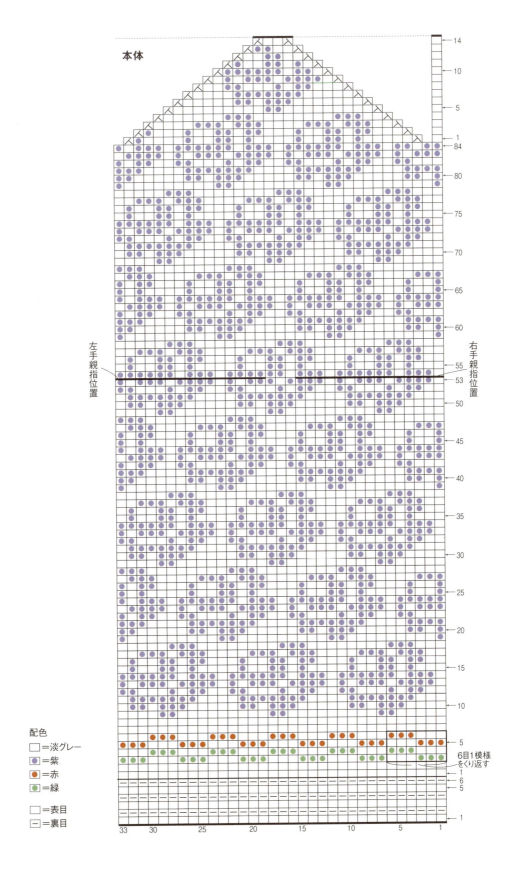

How to make　E

糸
合細ストレートヤーン(2本撚り)
黒34g、紫13g、濃ピンク11g、緑10g、白7g
※糸量は目安です。使用する糸によって同じグラム
　数でも長さが違うので注意してください。

針　棒針(短5本針)2号

ゲージ
編み込み模様A　31.5目×38段(10cm平方)
編み込み模様B　31.5目×38段(10cm平方)
編み込み模様C　35目×38段(10cm平方)
編み込み模様D　36目×38段(10cm平方)

できあがりサイズ
手のひら回り20cm、丈29.5cm

編み方
▶ 指でかける作り目で64目作り目して、模様編みを編み始める。10段めまで編んだら模様編みをダブル(2つ折り)にして作り目のループを拾い目しながら、11段めを編む(P.39〜40のピコットの縁飾りを作る参照)。

▶ 続けて、本体の編み込み模様を、Aで63目に減目、Bで72目に増し目、Cで70目に減目、Dで72目に増し目して、親指の位置に別糸を編みながら増減なくDを43段まで編む。指先は減目しながら16段編む。

▶ 親指の位置の別糸をほどいて、上下の目を30目輪に拾い(P.43の親指を編む参照)、親指の編み込み模様を28段編む。

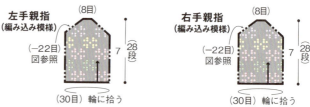

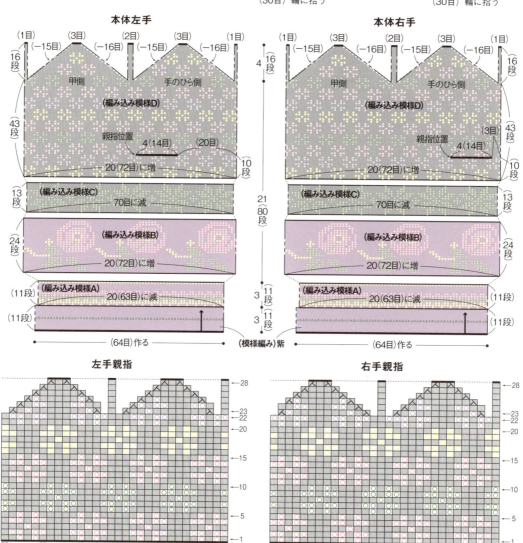

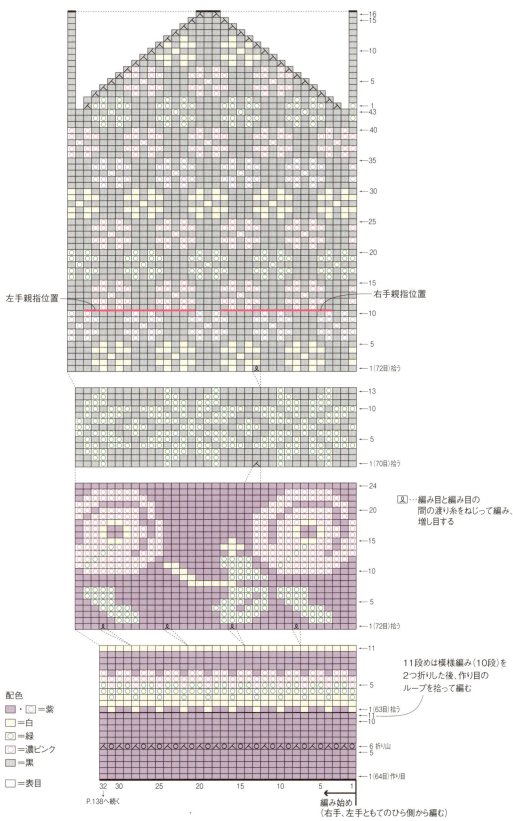

本体甲側

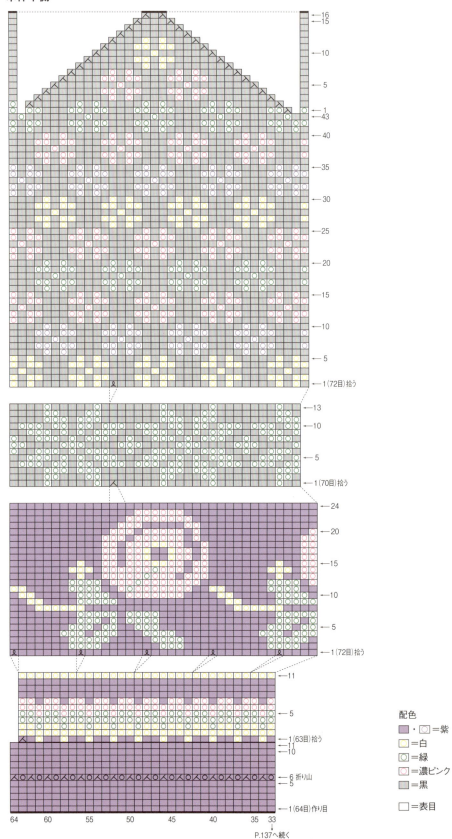

配色
- ・◎ = 紫
- = 白
- ◎ = 緑
- ◎ = 濃ピンク
- = 黒
- □ = 表目

Column **4**

編むことで磨かれる手仕事

　丁寧に編まれた伝統柄のミトンが人気のティーネス。現在、作り手は国内に85人、平均年齢50〜60歳の熟練ニッターが日夜腕をふるっています。小ギルド内にある事務所でお会いしたのも、そんな作り手の一人、アギタ・コンドラテ(Agita Kondrate)さんでした。

　14歳の時に学校の展示会用として作ったのが初めてのミトンだったというアギタさん。母親も腕のよいニッターで、編み物歴は小さい頃、母親から教わって以来という大ベテランです。ミトンの仕事を始めてからは、様々な伝統柄を編むようになり、今では1組をたったの2日間で仕上げるといいます。「毎日、どれくらい編み針を動かしているかはわかりませんが、基本的なパターンはほとんど覚えているので、どんな柄のオーダーがきても困ることはありません」。

　何色も使う編み込み模様をきれいに仕上げるためには、編み糸のテンションが常に均一であることが大事。編み続けていることで、自分のリズムができ、早く美しいミトンが作れるようになるのだそう。まさに継続は力、という言葉がぴったりです。

　ティーネスの名で店頭に並ぶミトンは、その一つずつがアギタさんのような作り手によって生み出されています。人の手に渡って恥ずかしくないものをという意識もまた、仕上がりの美しさにつながっています。編むことで磨かれるのは技術だけではありません。根気よく続ける力と細やかな気遣い。学ぶことがたくさんあります。

編み始めを見せてくれたアギタさん。
「ラトビアのミトンを編む時は、細かな模様ができてくる過程も楽しんで」。

太陽の模様が編み込まれたミトン。アギタさん作。

使用している毛糸はリトアニアで染色されたティーネスオリジナル。

139

左上／清楚な佇まいの聖母受難教会。リガ城の隣にある白とブルーの美しい建物です。右中央／リガ大聖堂南側にある修道院の回廊。中庭を取り巻くように続いています。左下／ダウガヴァ川を臨む教会のマリア像。

Chapter 7

Museum Collection
ミュージアムコレクション

現存する古いラトビアンミトンを訪ねて
2つの博物館を訪れました。
19世紀を中心に各地方から集められた
至宝の所蔵品を紹介します。

Latvijas Nacionālais Vēstures Muzejs
ラトビア国立歴史博物館

4つの地方の民族衣装の違いを見比べるのが楽しい。装飾品や織物も。

　ここはラトビアの歴史的資料を展示・解説する博物館。各地からの出土品と合わせ、古代から現在までのラトビアの文化を知ることができる貴重な場所です。所蔵する約100万のアイテムは、美術品、宝飾品、彫刻、楽器、地図など多岐に渡り、とりわけ民族衣装はラトビア屈指の豊富なコレクションを誇ります。

　常設展示では暮らしにつながる農耕や漁業の道具のほか、芸術的な教会の彫刻類など、見応えがあるものばかり。骨針を使った編み物の説明や地方別のミトンの歴史なども展示されています。

民俗学的資料から当時の道具を再現。
農漁業に加え、畜産、養蜂なども人々の重要な収入源でした。

所蔵品の民族衣装がまとめられた書籍。地方ごとに分けられ、冠やミトンなどの装飾品も合わせて掲載されています。ラトビア国立博物館が発行、全3巻。

Latvijas Nacionālais Vēstures Muzejs
ラトビア国立歴史博物館

旧所在地
Pils laukums 3, Rīga

2019年現在 所在地
Brīvības bulvāris 32, Rīga
Phone +371 67221357
Open 10:00-17:00（火ー日）月曜休
　　　6月ー8月は火のみ11:00-19:00
http://lnvm.lv

＊ラトビア国立歴史博物館は2019年時点、補修工事のため、Brīvības bulvāris 32にて縮小展示中。訪問する際はホームページにて再度ご確認ください。

ラトビア国立歴史博物館　コレクション

技法や用途に特徴のあるミトンを博物館の所蔵庫から特別にセレクトし、紹介します。

Kurzeme
クルゼメ地方のミトン

クルゼメ地方の中でも鮮やかなミトンが数多く発見されているルツァヴァ県。このミトンは指先を4か所で減目して三角形に。

Zemgale
ゼムガレ地方のミトン

東ゼムガレ地方のミトン。色彩は伝統的な植物の色からなる黄、緑、赤、青。白をベースにフリンジをつけて華やかにしています。

Latgale
ラトガレ地方のミトン

プレイリ県の男性の婚礼用グローブ。編み込み模様は甲まで続き、古知神の文様が編み込まれています。

144

Vidzeme
ヴィゼメ地方のミトン

スィグルダ県のミトン。アウセクリス（星）とザルクティス（蛇）の文様が目を引く、ナチュラルカラーの配色。

Kurzeme
クルゼメ地方のミトン

井桁に9つの太陽の文様を配置したアルスンガ県のミトン。大きな幾何学模様と鮮やかな色はエストニアの影響も。

Kurzeme
クルゼメ地方のミトン

クルディーガ県の男性用グローブ。婚礼用。
手首から上の編み込み模様は甲側のみ。

婚礼の儀式の一つに、新郎は新婦を抱きかかえ、
7つの橋を渡ってから家に入ると幸せになる
という言い伝えがあるのだとか。手袋のボー
ダー柄にもそんなイメージが重なります。

ラトビア国立歴史博物館 所蔵（P.143-147）

Latvijas Etnogrāfiskais brīvdabas muzejs
ラトビア民族野外博物館

　1924年にオープンしたリガ郊外にある緑に囲まれた野外博物館。敷地内には、ラトビアの4つの地方で建てられた17世紀〜1930代後半までの特徴的な木造建築物が移築されています。当時の家具や生活用品、農耕具なども飾られているので、ゆっくり散策しながら、その頃の暮らしに思いをはせてみるのも一興です。家屋には民族衣装を来た女性がいたり、工房には手仕事を見せてくれる職人がいたり、思いがけない出会いもあります。毎週日曜日に行われるウスマ教会の礼拝に参加しても楽しい。6月に開催される民芸市の会場でもあります。

春夏の緑、秋の紅葉、冬の雪景色。季節によって様々な表情を見せる博物館の民家。

クルゼメ地方の家屋には嫁入り道具を入れる箱が。

博物館のマスコット?。遭遇した猫は民家の屋根裏へするり。

中にはミトンやベルト、民族衣装などが詰まっていました。

Latvijas Etnogrāfiskais
brīvdabas muzejs
ラトビア民族野外博物館
Brīvības gatve 440, Rīga
Phone　+371 67994106
Open　10:00-17:00　無休
http://brivdabasmuzejs.lv

ラトビア民族野外博物館　コレクション

すべてラトビアの4つの地方から、19世紀から20世紀の始めまでに収集されたミトンです。

Kurzeme
クルゼメ地方のミトン

サルドゥス県のミトン。子ども用のミニサイズ。

Kurzeme
クルゼメ地方のミトン

ルツァヴァ県のミトン。2種類の花を鮮やかな配色で表現。

Kurzeme
クルゼメ地方のミトン

ルツァヴァ県のミトン。手首に赤すぐりの編み込み模様。

Kurzeme
クルゼメ地方のミトン

ニーツァ県のミトン。クルゼメ地方では19世紀後半からより鮮やかなピンクが多く使われるように。

Zemgale
ゼムガレ地方のミトン

バウスカ県のミトン。うろこ柄。

Zemgale
ゼムガレ地方のミトン

イルークステ県のミトン。博物館で所蔵する中でもっとも古いもの。

Vidzeme
ヴィゼメ地方のミトン

ツェースィス県のミトン。多色使いのバスケット編みを手首に。

Vidzeme
ヴィゼメ地方のミトン

マドゥアナ県のミトン。花柄のボーダーを2色で配置。親指はミニサイズの花柄にアレンジ。

Vidzeme
ヴィゼメ地方のミトン

リガのミトン。動物柄は比較的新しい図案。

Vidzeme
ヴィゼメ地方のミトン

マドゥアナ県のミトン。1930年代。つる草模様にはアールヌーボーの影響も。

Latgale
ラトガレ地方のミトン

ダウガウピルス県のミトン。井桁の文様と手首のストライプの間に透かしが入ったデザイン。

Latgale
ラトガレ地方のミトン

レーゼクネ県のミトン。ダブルミトンと呼ばれる内側にもう一枚重ねて使うタイプ。

ラトビア民族野外博物館 所蔵（P.149-151）

Chapter 8

Walking through the Historic Centre of Riga

リガ旧市街散策

古き良きヨーロッパの建築群が残るリガ旧市街。
石畳の小径を歩いているといつしか時間がゆっくり流れ始め、
普段は通り過ぎてしまっていたものたちに
ふと気づくようになります。
リガ大聖堂に響くパイプオルガンの音、路上を彩る花屋のスタンド。
そう、この地に息づく宝物はミトンだけではありません。
ここからは異国の地・ラトビアを訪れた旅人として、
街に詰まっている「素敵」を一緒に見つけていきましょう。

旧市街を一望できる聖ペトロ教会の見晴らし台は、一度は訪れてみたい場所。
可愛い街並みの奥にはダウガヴァ川が穏やかに流れています。

左上／聖ヨハネ教会前の路地には、ヤーニスの中庭に続く入り口が。リガの街中には何世紀も昔に作られたレンガの城壁の名残りがあちこちに残っています。右上／「三人兄弟」と呼ばれる三連の建物。右の白い建物が一番古く、小さい窓が印象的。当時は窓の大きさで税金の額が変わったのがその理由。今は建築博物館に。左下／旧市街と新市街の間に建つ「自由記念碑」。クルゼメ、ヴィゼメ、ラトガレの3つの地方を表す星を掲げ、誰からの支配も受けないラトビア人の自由を大空高く、象徴しています。右下　スウェーデン支配時、兵舎との行き来のために造られた城門。スウェーデン門と呼ばれ、当時、他国の男性とつきあうことを禁止されていたラトビアの女性が、スウェーデン兵と恋に落ち、その罰のために門の壁に塗り込められてしまったという悲劇の言い伝えが残っています。

左上／猫の家。その昔、ドイツ人に大ギルドへの加入を断られたラトビア人の商人が、屋根の猫の飾りを大ギルド会館にお尻を向けて取りつけたのだそう。その後、加入が認められると猫の向きも会館を向くように。そんな話を知ってか知らずか、旧市街のあちこちでは、猫たちがのんびり寛ぐ姿をよく見かけます。右上／奥に見える塔が聖ペトロ教会。見晴らし台までエレベーターで登れます。左下／トゥアルニャ通りに沿って残る赤レンガの城壁は、中世の城塞都市の名残り。その先に円形の「火薬塔」がそびえています。現在はラトビア戦争博物館に。右下／リガの姉妹都市・ブレーメンから1990年に寄贈された音楽隊の像。聖ペトロ教会の脇にあります。いつの頃からか、ロバの前足をなでると願い事が叶うといわれ、像はピカピカになっています。

155

右の建物は、精巧な天文時計で有名なブラックヘッド会館。第二次世界大戦の空襲で破壊されてしまいましたが、リガの創設800周年を記念して2000年に再建されました。左はシュワブ会館。右端の広場に建つ像は、リガの守り神・聖ローランドの像。

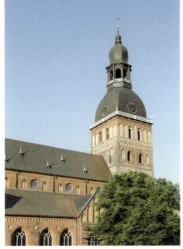

左上／リガ大聖堂の外観。大聖堂前のドゥアマ広場は、夏期にはカフェ、冬期にはクリスマスマーケットなど、様々な催しで賑わいます。右上／夏期は日曜を除く毎日12：00からパイプオルガンのコンサートが開かれます。1883年に造られたドイツ製のオルガンは当時世界最大級だったそう。全身を包むように響くオルガンの音色は実に感動的。下／リガ大聖堂は1211年に僧正アルベルトが創建した教会。重い扉を開いて足を進めると、リガの歴史をモチーフにした美しいステンドグラスや重厚なパイプオルガンに圧倒されます。中庭を囲む元修道院の回廊には、使われなくなった真鍮の飾りや風見鶏などがひっそり佇み、静かな時の流れを感じさせてくれます。

Central Market 　中央市場

旧市街からリガ駅やバスターミナルへ向かうと、必ず目に留まるのがドーム屋根の大きな市場。新鮮で豊富な野菜、果物、肉、魚、菓子にパン、乳製品、乾物類…。この食材の充実ぶりはたまりません。お国柄なのか、野菜は日本より大ぶりで色鮮やかな印象です。花屋や雑貨、衣料品などの店も野外に多く並んでいます。歩き疲れたら、場内のカフェや食堂で一息。買い物に訪れるおばあさんの買い物かごや服装も可愛らしくて、見惚れているとついつい長居してしまうのでご注意ください。

花を愛するラトビアらしく、中央市場にも花屋がずらりと並んでいます。

1930年代にドイツ軍が飛行船の格納庫として使っていた建物をそのままマーケットとして再利用。食材はドームごとに分類され、日夜リガの胃袋を支えています。

上／蜂蜜と蜜ろうのキャンドルは同じブースで販売しています。甘い香りのキャンドルは、花やミツバチ、くまなど様々なデザインがあって迷ってしまいます。お土産にもおすすめ。中央／屋外のテントに大胆に山積みされた野菜たち。値段もとてもお手頃。場内には大きなピクルスなどもありました。下／花だけでなく、花の種や球根も買うことができます。素朴で鮮やかなパッケージも魅力的。

左上／市庁舎脇の広場に常設されているクラフトマーケットには、手編みのミトンをはじめ、様々な手工芸品が並んでいます。左中央／中央市場の野外にあるニットブース。作り手は家族だったり、友人同士であったり。靴下、帽子、子ども用のドレスやダブルミトンなども。右中央／市庁舎1F通路にも特設のクラフトスタンドが並んでいます。ビルの中なので雨でも安心。左下／売られているかごも種類豊富。買い物用はもちろん毛糸などの収納にも。

Street Stalls
街中の露店

旧市街の街歩きが楽しいのは、露店の多さが理由の一つ。街中の広場には常設や移動型の店がいくつも並んでいて、夏でも編み物アイテムを扱っています。何度か前を通る内に自然と挨拶を交わすようになったり、店番がてら編んでいた途中のパーツを見せてもらったり、そんなちょっとした人との触れ合いにもうれしくなります。店では様々なクラフトを扱っているので、琥珀のアクセサリーやウッドクラフトなどのお土産選びにも事欠きません。極寒の冬もクリスマスマーケットが11月下旬から開催され、国内外の観光客で賑わいます。それぞれの季節ごとに違った表情を見せる露店にぜひ足を運んでみて下さい。

街中には標識や柱をニットで包んだおしゃれなディスプレイも。

毎朝、聖ペトロ教会脇の通りにお店をセッティング。ニットのスカートがおしゃれなおばさまは、毎日、かぎ針編みをしていました。

Hobbywool
ホビーウール

創作意欲をかきたてる
ハンドニットと毛糸の宝庫

　ショップを訪れると、最初に目を奪われるのが雨どいを覆うカラフルなニットカバーとオーナメント。17世紀前半に建築されたクラシカルな建物には余りにも新鮮なディスプレイで、それだけでもがっちりニッターの心を掴んでしまいます。そんな感動を与えてくれるのが、ホビーウール。P.80で紹介したイエヴァさんがオーナーをつとめるハンドニットのショップです。
　いくつかの部屋に区切られた店内では、伝統の編み物から最新のウェアまでを心ゆくまで堪能できます。毛糸や書籍も取り揃えているので、「編み物がしたい！」と思ったらその場ですぐに応えてもらえる点も心強い。編み物の持つ可能性への挑戦も意欲的で、ラトビアの羊毛を使って提案されるニットは、北欧で開催されるデザイン展などでも注目を集めています。店内にもレース編みのオブジェや編みぐるみなどがさりげなく飾られているのでお見逃しなく。

ニットでカバーリングされた自転車。新作の完成とともにディスプレイも変更されます。

左上／ホビーウールではミトンの完成品だけでなく、自分で編めるキットも販売。生成りやモノトーンのコーディネートしやすいニット小物もあります。右上／レース編みの日傘をランプシェードにアレンジ。右下／黒ベースに鮮やかな模様を配したミトンたち。左下／ヨーロッパではカラフルな段染め糸も人気。

shop info

Hobbywool
ホビーウール

Mazā Pils iela 6, Rīga
Phone +371 27072707
Open 5月－9月　10:00 - 19:00（月－土）
　　　　　　　　11:00 - 17:00（日）
　　　10月－4月　10:00 - 18:00（月－土）
　　　　　　　　11:00 - 15:00（日）
https://www.hobbywool.com

SENĀ KLĒTS
セナー・クレーツ

**民俗学、考古学に基づく
伝統の継承を担う**

　市庁舎の裏手にあるセナー・クレーツでは、歴史考証に基づいたラトビア各地方の民族衣装を取り揃えています。ブラウスやスカートだけでなく、ベルトやショール、アクセサリー、結婚前の女性が身につける冠なども地方別に用意され、夏至祭などのイベント前は、衣装をオーダーメイドする人たちで賑わうのだそう。特にミトンや靴下のコレクションが充実し、他にも陶器や織物、アクセサリーなどの伝統工芸品の取り扱いもあります。

　多くの観光客が訪れるセナー・クレーツですが、設立はラトビアが旧ソ連から独立の回復を果たした1991年。ラトビア民俗研究家のマルタさんが「ラトビア人の文化やアイデンティティーをきちんと後世に伝えたい」と願い、伝統的な民族衣装の展示を行ったのがきっかけでした。今も店の奥は美しくコーディネートされた衣装の展示スペースになっていて、資料館としても見応えがあります。リガを訪れたら、訪れてみたい店の一つです。

左／ミトンでラトビアを表したディスプレイ。民族衣装はアクセサリーも含めたトータルコーディネートで飾られています。シャツやショールに施された細かな刺繍にも驚かされます。右上／編み込み柄の靴下にも伝統模様が。右下／冠には華やかなビーズ刺繍などが施されています。適齢期の未婚女性がかぶるもので、幼い女の子はNG。前髪は下ろさないのが基本でした。

店内に飾られたミトンは国内の博物館に所蔵されているミトンを復元したもの。資料的に価値の高い柄もあり、じっくりと鑑賞を。

shop info

SENĀ KLĒTS
セナー・クレーツ

Rātslaukums 1, Rīga
Phone +371 67242398
Open 10:00 - 19:00（月 - 金）
　　　11:00 - 18:00（土、日）
http://www.senaklets.lv

Tīnes
ティーネス

手仕事の技が光る
ラトビア屈指のニットを発信

　日本の雑貨店などに並んでいるラトビアのミトンをよく見ると、「Tīnes」のロゴの多さに気づくはず。そのクオリティの高さとデザインの豊富さから、ティーネスはラトビアの手編みミトンとして今、最も人気のあるブランドの一つになっています。1993年の創業以来、卸業を中心としてきましたが、2010年12月、リガ旧市街にショップをオープンしてから、一般の人々も手軽に購入できる存在になりました。

　リガのショップはリーヴ広場からワーグネラ通りを少し入ったところにあり、伝統柄を復刻したニットアイテムをはじめ、オーナーのイナーラ（Ināra）さんがデザインしたウェア類も並びます。素材は天然ウールやリネンなどの自然素材をセレクト。手袋や靴下は国内の熟練ニッターたちが丁寧に編みあげたもののみを扱っています。夏期には小ギルドのホール前広場にも露店が出ているので、こちらもあわせてお立ち寄りを。

左／伝統ニットの良さを取り入れつつ、帽子やウェアでは現代のファッションとの相性や機能面のアップも考えたデザインを提案。右／ティーネスのディスプレイは、2011年、2012年と2年連続でリガのクリスマスショーウィンドウデコレーションで賞を受けたほど。季節ごとに変わる素敵な飾りつけを楽しんで。

左上、中央上、左2段め／木製の可愛いドールはイナーラさんが自ら選び、飾りつけに使っているそう。見つけるとなんだか温かな気分に。右上／小ギルド前の露店。通りすがりにお土産を買う人も多い人気スポット。右2段め／オリジナルの毛糸も取り扱いがあります。左下／伝統柄のミトンで一番人気のあるモチーフはローズ、続いてスターや雪柄、3番めにクルゼメ地方Turlavaのフリンジつきだそう。右下／2012年には品質とサービスの面でも「The best trader of Latvia 2012」で最高の賞を受賞しました。

shop info

Salons Tīnes
ティーネス

Riharda Vāgnera iela 5, Rīga
E-mail shop@tines.lv
Open 11:00 - 19:00（月 - 土）
　　　11:00 - 16:00（日）
https://tines.lv

167

Day and Night of Countryside

足をのばして…

夏は白夜に近く、真夜中でもほのかに明るいラドビア。夜明けとともに立ち上る霧と光のハレーションが幻想的な世界を作ります。

Country Holidays
カントリーホリデイズ

**カントリーサイドの
暮らしにふれる**

　リガの街からひとたび車で離れれば、広がる景色はまだまだのどかなもの。今回は、旅の合間にリンバジの小さな農家に宿をとりました。

　現地到着。迎え入れてくれるご夫婦の笑顔の、なんて温かなこと。案内された離れの小屋は、素朴な木製家具と手作りにあふれた空間で、まるでラトビア民族野外博物館の一棟に迷い込んだようでした。食事は近くの小川で釣った魚や採れたての卵、ヤギのミルク…。ここでの暮らしは、生活そのものが手仕事の連続です。

　夏期は白夜に近いため、真夜中でもぼんやり太陽の光が残っています。木々の実のはじける音、夕暮れから夜明けにかけて小川や草原から立ち上る靄。けれども、ここは冬になれば、一面雪に覆われて、街へ出ることさえ厳しくなってしまうカントリーサイド。しばしその場にたたずめば、自然の大きさと人々の力強さが深く沁み入ってくるようでした。

　ラトビアの物作り。こんな暮らしに出会うと、また印象が変わるかもしれません。

左／部屋のテーブルには刺繍やレースの縁編みを施したクロス、壁には夏至祭で使われた冠が飾られていました。右上／入口に飾られた季節の花と刺繍のクロス。右下／蜂の巣から溢れ出てくる蜂蜜をスプーンですくって、ハーブティーに。

左上／敷地のすぐ横には蓮の花が浮かぶ小さな小川が。朝昼晩と幻想的に変わる景色に酔いしれるばかり。右上／人懐っこいヤギ。草原の草を食べに出かけるところ。下／部屋には糸の紡ぎ車やアイロンなども。古い品ですが、実際に使えるものばかり。

Country Holidays
カントリーホリデイズ

ラトビア郊外にあるコテージや城、キャンプ場などに宿泊して自然の中での様々なアクティビティを体験できる旅行サービス。

Kalnciema iela 40, Rīga
Phone　+371 67617600
Open　9:00 - 17:00（月 - 金）
https://www.celotajs.lv

編み目記号＆編み方

ゲージ

ゲージは10cm四方の編み地の中に何目・何段あるかを示したものです。
本書の作品をサイズ通りに編むためには、最初に15cm四方くらいの試し編みをして
各作り方ページに表記されたゲージと合っているか確認することをおすすめします。
指定のゲージより数値が大きい場合は編み目がきついので1～2号太い針に、
数値が小さい場合は編み目がゆるいので1～2号細い針に替えて編んでください。

棒針編み

指でかける作り目　※糸端側は編む幅の約3倍程度の糸端を残して、最初のループを作る。

糸輪の中から糸を引き出して小さなループを作り、針にかけて引き締める。

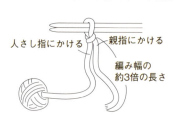

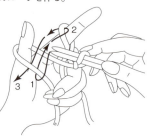

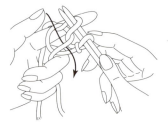

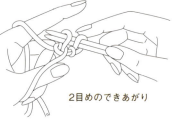

2目めのできあがり

必要目数を作ったら針を1本抜く

表目　│

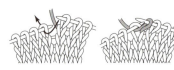

裏目　─

かけ目　○

かけ目

ねじり増し目

増し目：左増し目
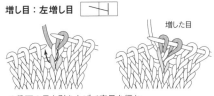
2段下の目を引き上げて表目を編む

減らし目：右上2目一度
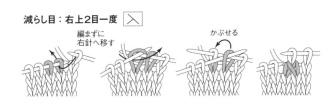
編まずに右針へ移す　かぶせる

減らし目：左上2目一度

減らし目：中上3目一度
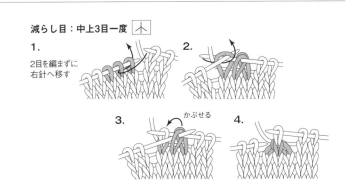
1. 2目を編まずに右針へ移す
2.
3. かぶせる
4.

メリヤスはぎ
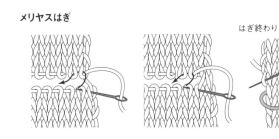
はぎ終わり

伏せ止め

①表編み　②かぶせる

かぎ針編み

鎖編み
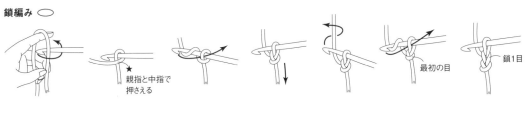
★親指と中指で押さえる　最初の目　鎖1目

細編み
引き抜き編み
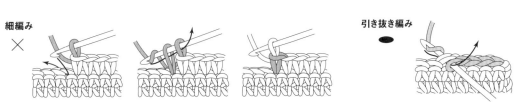

173

Special Thanks to

Alīna Ascepkova
Investment and Development Agency of Latvia,
Head of the Representative Office in Japan

Alise Barvika
Ieva Rubene
Ginta Purmale
Investment and Development Agency of Latvia

Maruta Grasmane
Monta Grasmane
Ziedīte Muze
Senā klēts

Ieva Ozolina
Betija Markusa
Hobbywool

Ināra Vizma
Toms Vizma
Tīnes

Jānis Krasovskis
Limbažu Tīne

Sandra Lismane
Skaidrīte Bauze

Sandra Palelione
Country Holidays in Limbaži

Ilmārs Bīriņš
Liene Kirsfelde
Santa Laukmane
Uģis Nastevičs
Interpreter

Keiko Higashiura
Sunao Imagawa
Translater

Toru Morita
Assistant Photographer

Yojiro Kawashima
Riga Collection

Akiko Mizoguchi
SUBARU

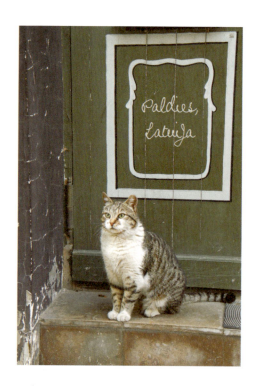

Information

JAPAN

ミトン取り扱い店

ラトビア雑貨専門店
スバル
SUBARU
兵庫県神戸市須磨区衣掛町 4-2-12 内田ビル 2F
Open　11:30 - 17:30
　　　（日曜・月曜・祝祭日・他、指定日休）
http://www.subaru-zakka.com
問い合わせ
Phone : 078-736-5233
※ SUBARU では一部、ミトンの毛糸キットの
　取り扱いあり。

ラトビア雑貨専門店
リガ・コレクション
Riga Collection
東京都目黒区自由が丘 1-25-9 自由が丘テラス 1F
Open　11:00 - 18:30（水曜・他、指定日休）
http://www.riga-latvia-gbs.com
問い合わせ
Phone : 03-6421-3618
※リガ・コレクションではラトビアの毛糸、
　ミトンのオリジナル毛糸キットの取り扱いあり。
　ミトン講習会も開催。

LATVIA

ミトン取り扱い店

SENĀ KLĒTS
セナー・クレーツ
http://www.senaklets.lv
問い合わせ（英語にて）
Phone : +371 67242398
info@senaklets.lv

Salons Tīnes
ティーネス
https://tines.lv
問い合わせ先（英語にて）
shop@tines.lv

Hobbywool
ホビーウール
https://www.hobbywool.com
問い合わせ先
Phone : +371 27072707
info@hobbywool.com

Staff

編集・執筆 ● 中田早苗

撮影 ● 蜂巣文香

装丁・デザイン ● 橘川幹子

製図・トレース ● 西田千尋　中村洋子

　　　　　　　　佐々木初枝(製図)　松尾容巳子(トレース)

　　　　　　　　小池百合穂(P.172-173)

プロセス指導 ● すぎやまともこ

編み方検証 ● すぎやまともこ　斉藤理子

現地コーディネート・校閲 ● 溝口明子(SUBARU)

モデル ● Betija Markusa、Elīna Volkopa、

　　　　 Marija Sintiga Vītola

参考文献

LATVIEŠU CIMDI

LATVIEŠU RAKSTAINIE CIMDI

取材協力

駐日ラトビア共和国大使館
https://www.mfa.gov.lv/jp/

ラトビア投資開発公社
http://www.liaa.gov.lv/jp

ラトビア国立歴史博物館
http://lnvm.lv

ラトビア民族野外博物館
http://brivdabasmuzejs.lv

リガ中央市場
https://www.rct.lv/lv/

ラトビア政府観光局
https://www.latvia.travel/ja/

いろあざ　　　　　あ　こ　こ　もよう　　たの
色鮮やかな編み込み模様を楽しむ
ぞうほ かいてい
増補改訂　ラトビアの手編みミトン
　　　　　　　　　　　 て あ

2019年11月16日　発　行　　　　　　　　　　NDC594

編　者　中田早苗
　　　　なかた さなえ
発行者　小川雄一

発行所　株式会社 誠文堂新光社
　　　　〒113-0033 東京都文京区本郷 3-3-11
　　　　[編集] 電話 03-5805-7285
　　　　[販売] 電話 03-5800-5780
　　　　https://www.seibundo-shinkosha.net/

印刷・製本　大日本印刷 株式会社

©2019, Sanae Nakata.
Printed in Japan
検印省略
本書記載の記事の無断転用を禁じます。
万一落丁・乱丁本の場合はお取り替えいたします。

本書のコピー、スキャン、デジタル化等の無断複製は、著作権法上での例外を除き、
禁じられています。本書を代行業者等の第三者に依頼してスキャンやデジタル化
することは、たとえ個人や家庭内での利用であっても著作権法上認められません。

JCOPY <(一社) 出版者著作権管理機構　委託出版物>
本書を無断で複製複写 (コピー) することは、著作権法上での例外を除き、禁
じられています。本書をコピーされる場合は、そのつど事前に、(一社) 出版者
著作権管理機構 (電話 03-5244-5088 ／ FAX 03-5244-5089 ／ e-mail：info@jcopy.
or.jp) の許諾を得てください。

ISBN978-4-416-71932-9